행복한 노후만들기

몸-마음-영성

프로그램

행복한 노후만들기

몸-마음-영성
프로그램

이은경 · 윤현숙 · 이정의 · 윤지영 · 장은진 · 김은숙

小花

차례

제1장 몸-마음-영성 프로그램 개발의 필요성 · 7

제2장 이론적 배경 · 9
　1. 치유를 위한 의학 · 9
　2. 이완 반응, 명상 및 인지 행동 치료 · 10
　3. 긍정 심리학 및 행복에 관한 연구 · 13
　4. 종교와 영성에 관한 연구 · 14

제3장 몸-마음-영성 프로그램의 실제 · 17
　1. 프로그램의 기본 틀 · 17
　2. 프로그램의 목적 및 목표 · 18
　3. 프로그램의 내용 및 운영 · 20
　　1) 프로그램 일정 및 내용 구성 · 20
　　2) 프로그램 장소 · 22
　　3) 대상 및 참가 인원 · 22
　　4) 지도자 · 22
　　5) 유의 사항 · 22
　4. 각 수업별 지도안 · 24
　　• 1회기: 오리엔테이션 · 24
　　• 2회기: 몸-신체 활동 · 30
　　• 3회기: 몸-영양 · 45
　　• 4회기: 몸-휴식과 여가 · 61
　　• 5회기: 몸-접촉과 성 · 74
　　• 6회기: 마음-스트레스 · 84

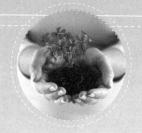

- 7회기: 마음-감정 · 93
- 8회기: 마음-사고 · 106
- 9회기: 마음-의지 · 115
- 10회기: 영성-인생의 의미 · 124
- 11회기: 영성-관계와 돌봄 · 134
- 12회기: 영성-용서와 화해 · 144
- 13회기: 영성-행복 · 157
- 14회기: 마무리 및 사후 조사 · 167

제4장 프로그램의 효과성 평가 · 173

1. 프로그램의 효과성 평가 설계 · 173
2. 프로그램 참여 대상자(평가대상자) 모집 · 173
3. 측정 도구 · 174
4. 분석 방법 · 177
   1) 양적 분석 · 177
   2) 질적 분석 · 178
5. 결과 활용 방안 · 178
   1) 학문적 기여 · 178
   2) 노인 복지 실천 현장에의 기여 · 179

참고문헌 · 180
부록 1. 설문지 · 190
부록 2. 12회기로 조정한 프로그램 구성 · 198

건강의 어원은 '완전한' 또는 '전체'라는 의미의 whole에서 시작되어, 이것이 hale로, 그리고 다시 health로 변형되었다. whole의 의미에서 보이는 바와 같이 건강이란 인간을 구성하는 전 요소, 즉 신체적, 정신적, 사회적, 영성적 모든 면에서의 건강함을 함축하고 있다고 여겨진다. 그러나 노인의 건강 및 삶의 질과 관련한 교육 프로그램들은 대부분 여가 및 신체적 건강 프로그램들에 집중되어 있어 기능적, 도구적 측면에서 단기적이고 소극적인 문제 해결에 치중한 나머지 노인을 배움의 주체, 삶의 주체로 인식하지 못하고 있다.

이에 통합적인 측면의 프로그램 개발과 실천을 위해서는 노인의 건강 및 삶의 질에 대한 다차원적 시각의 접근이 필요하다. 최근 노년학 분야에서 주로 논의되고 있는 긍정적 시각에서의 노화는 모두 건강한 노인이 되는 것을 목표로 하고 있다. 세계보건기구(WHO)에서 건강의 개념을 신체적, 정신적, 사회적 안녕 상태로 정의한 이후 건강의 개념은 신체적 건강으로부터 확대되어 왔다. 또한 서구에서는 최근 몸과 마음의 통합적 연결을 강조한다거나(Davidson et al., 2003; Gilbert, 2003; Kabat-Zinn, 1990; Kabat-Zinn, 1994; Kabat-Zinn, 2005; Besnson, 2000), 삶의 질과 관련한 건강 개념에 신체적, 심리적, 사회적 측면뿐만 아니라 영성적 측면을 추가하는 등(WHO, 1998; Khayat, 1998; Larson, 1996; Weil, 2005; Lee, 2007)의 노력들이 일고 있다.

따라서 노년기는 인생 주기의 마지막 시기이지만 삶의 연장선상의 시기라는 점을 인식하고 현재의 신체적, 정신적 건강뿐만 아니라 삶의 의미를 찾고 새로운 가능성을 실현하기 위한 노력으로서 평생교육적 차원에서의 노인 교육은 필수적이라 할 것이다. 이에 본 연구에서는 노인의 통합적 건강을 향상시키기 위한 몸-마음-영성 프로그램을 제시하고자 한다.

본 장에서는 통합적 건강 프로그램의 개발 배경이 되는 1) 치유를 위한 의학, 2) 이완 반응, 명상과 인지 행동 치료, 3) 긍정 심리학과 행복에 관한 연구, 4) 종교와 영성에 관한 연구를 요약해 보고자 한다.

1. 치유를 위한 의학

근-현대 서양 의학의 역사는 몸과 마음을 분리하는 이원론(dualism)에 그 근간을 두었다. 21세기에는 웰빙 시대의 요구에 대응하는 새로운 건강 이론을 필요로 하고 있는 가운데, 특히 기존 의학적 모델에 대한 좌절과 반발에 의해 치유를 위한 의학이 비롯되었다 (Angell, 1985). 치유를 위한 의학으로 주로 거론되는 개념은 심신 의학(mind-body medicine), 보완 대체 의학(complementary alternative medicine), 통합 의학(integrative medicine)이다.

주류 의학 관점에서 심신 의학(mind-body medicine)은 마음(정신적, 정서적 영역)이 신체 (생리적 기능)에 영향을 미칠 수 있다는 전제에 기초하고 있으며, 이러한 연관성을 과학적으로 밝혀 질병의 치료와 예방에 이용하려는 시도이다(Benson, 2000; Gilbert, 2003; Kahalsa,

2001). 심신 의학적 치료법들은 마음을 이용해 생리적 상태를 변화시킴으로써 건강 증진을 도모하는바 이완 운동, 명상, 최면 등이 포함된다.

보완 대체 의학은 나날이 증가하는 의료비에 대한 부담으로 보다 실용적인 이유에 의해 환자들이 자신을 돌보는 자가 치료(self care) 차원에서 약물, 수술 등과 더불어 사용되고 있다(Lake & Spiegel, 2007). 의사들 또한 의학을 대체하는 치료법으로 신체 활동, 요가, 침술, 한방 약초, 식이 요법 등을 처방하고 있으며, 최근 십여 년 동안 보완 대체 의학에 의존하는 미국인 수도 급격히 증가해 왔다(Honda & Jacobson, 2005; McMahan & Lutz, 2004).

보다 최근에는 각종 보완 대체 의학 분야를 주류 의학과 성공적으로 통합함으로써 증거 기반 의료(Evidence-based Medicine)를 환자들에게 제공하고, 삶의 질 개선은 물론이거니와 예방 의학 중심의 헬스 케어, 전인적 치료를 제공해야 한다는 것이 하나의 의료 트렌드를 형성하면서 통합 의학이라는 용어가 더 많이 사용되는 추세이다. 통합 의학에서는 정통 의학과 보완 대체 의학의 통합, 양방과 한방의 통합, 의료인과 비의료인의 통합을 시도함으로써 치료와 건강관리에 함께 활용할 수 있도록 체계화를 시도하고 있다.

2. 이완 반응, 명상 및 인지 행동 치료

생사를 위협받는 긴박한 상황에서 인간의 반응은 싸움과 도망(fight or flight) 또는 주로 교감 신경계가 주도하는 반응이다. 교감 신경계가 과도하게 활동하면 만성 질환의 원인이 되고 건강한 노화를 방해한다. 마음의 고통이나 마음가짐은 불안증, 신경과민이나 불면증 같은 심리적 문제에 국한되는 것이 아니라 신체에 직접 영향을 미쳐서 협심증과 고혈압, 부정맥, 십이지장 궤양, 천식의 악화, 불임, 당뇨, 암의 발병 등에 관여한다고 알려져 있다 (Bernie, 1988; Bood et al., 2005; Bruce, 2005; Bury, 2001; Kristeller, 1999).

한편 1970년대 하버드 대학병원 심장내과 교수인 Benson은 그의 고전적인 저서 『이완 반응』에서 부교감 신경계가 주도하는 반응을 과학적으로 입증함으로써 반동 작용에 대한 이해를 불러일으켰다(Benson, 1976, 1984, 1987, 2000). Benson이 명상 수련자의 생리적 변화를 현대적 장비로 측정한 이후 명상의 내분비적 변화 및 면역학적 효과를 객관적으로 측정하는 연구가 계속되고 있다. Benson은 여러 가지 명상법과 심신 수련법의 심신 이완 효과를 분석하고, 공통점을 찾아 '이완 반응(Relaxation Response)'으로 요약하였으며, 일반인이 쉽게 스트레스에 대응할 수 있는 방법을 소개하였다.

매사추세츠 대학병원의 Kabat-Zinn은 남방불교의 명상법을 치료에 접목한 '마음챙김 명상'에 기반한 스트레스 감소 프로그램(Mindfulness-Based Stress Reduction, MBSR)이라는 8주간의 명상 수련 프로그램을 개발하여 대학병원에서뿐만 아니라 일반인에게도 소개하였다(Kabat-Zinn, 1990, 1994, 2005; Kabat-Zinn & Kabat-Zinn, 1997). MBSR 프로그램의 의학적 효과는 방대하게 연구를 불러일으켰고 미국 각 지역에서의 심신 의학 클리닉 혹은 심신 수련 센터의 모델이 되었다. 마음챙김 명상은 단계적이어서 초보자도 어렵지 않게 시작할 수 있고, 다른 심신 수련법보다 객관성이 강하며, 언제 어디서나 할 수 있어서 일상생활에서 실용 가능성이 강하다.

심신 의학에서 입증된 명상의 효과를 요약하자면, 알파파(긴장 완화 관련 뇌파)가 증가하고, 코티솔, 아드레날린 수치가 감소하고, 편도체 활동이 증가하고, 전두엽 활동이 감소하여 우뇌가 작아지고 좌뇌가 커지는 현상이 나타난다(Hardy et al., 2001). 명상을 하는 사람들은 산소 소비를 17% 적게 하고, 심박 수가 분당 3회까지 낮아지며, 세타파(수면 직전에 나타남)가 증가한다(Benson, 2000; Leuchiter, 2002). 이와 같은 신체적이 변화와 더불어, 명상을 하는 사람들은 스트레스를 유발하는 싸움-도망 반응에 보다 잘 대처하고, 보다 평온하고 행복한 상태에 도달하는 등 정서적인 혜택을 체험한다(Davidson, Kabat-Zinn, Schumacher & Rosenkrantz, 2003). 이완 반응과 MBSR 등 심신 의학적 치료법은 스트레스와 불안, 공황, 공포 등을 포함한 정신 심리적 증상에 가장 보편적인 효과를 갖는다.

미국의 의료 기관에서 흔히 사용되는 심신 의학적 방법으로는 명상, 최면 치료, 인지 행동 치료, 이완법, 태극권, 기공, 요가 등 다양하다. 대부분의 명상법은 앉거나 누워서 하게 되며, 활동성이 극히 적으므로 별도의 신체 단련이 필요하다. 그러므로 심신 의학 연구자들은 요가와 명상 수련을 병행하거나 수영이나 걷기, 조깅 같은 유산소 운동과 이완 반응을 결합하여 시행할 것을 제안하기도 한다(Benson, 2000; Kabat-Zinn, 2005).

운동의 다차원적인 효과는 이미 널리 알려져 있다(Department of Health and Human Services, 1996). 매일 지속적으로 하는 운동은 베타 엔돌핀의 생산과 분비를 촉진시키며 혈액 순환과 산소 운반 능력을 향상시킨다(Infante et al., 1998). 또한 신체 활동은 뇌의 특정 부위에서 조절하는 기능, 즉 기억력, 계획 조직력, 과제 처리 능력을 향상시킨다. 따라서 운동은 노화 과정을 방지하는 최고의 보험으로 여겨지고 있다(Elder, Williams, Drew & Wright, 1995). 그러나 미국 등 서양의 문헌을 살펴보면 실제적으로 노인들은 여러 가지 이유로 운동을 꺼리고 있다(Weil, 2007). 운동의 장애 요소로 부각되는 요인은 많은 운동 기법이 젊은이 위주로 개발되어 노인에게 벅차다는 것이다. 따라서 각 노인별로 명상 등 다양한 심신 의학적 방법에 의학적 교육과 운동을 병행하면 더욱 치료 효과가 높아질 것이다.

심신 의학에서 연구되어 적용되고 있는 주요 질환과 그에 대한 심신 의학적 방법은 스트레스를 포함한 정신적 증상 외에 알레르기, 각종 통증과 불면증, 폭식증, 불임 등 매우 다양하다. 연구에 의하면 심신 의학적 방법은 암 치료의 부작용 감소뿐만 아니라 암 환자의 생존 기간 연장에도 효과가 있는 것으로 보고되고 있다(Carlson & Garland, 2005). 전이된 유방암 환자에게 전통적 암 치료만 한 그룹과 전통적 암 치료와 병행하여 집단 정신 치료 및 최면 치료를 실시한 그룹의 경과를 10년간 관찰한 결과, 심신 의학적 치료를 병행한 그룹의 생존 기간이 두 배나 길었을 뿐 아니라 심리적 도움도 컸다고 보고하였다(Gellent et al., 1993). 마음챙김 명상 등 다양한 명상, 최면, 인지 행동 치료, 이완법 등의 방법들은 암을 비롯한 각종 질병에 동반되는 통증, 우울, 불안, 불면증 등의 증상을 개선시키는 효과가 있으므로 이런 심신 의학적 방법을 활용한다면 건강한 노인들뿐만 아니라 질병으로 심신의 고통을 겪고 있는 노인들의 삶의 질도 개선시킬 수 있을 것으로 보인다.

Benson(2000)은 질병의 치료에 '신념 요소(Faith factor)'가 중요함을 언급하면서, 실제로 병원을 찾는 환자들 중 75%가 스스로 병이 나을 수 있는 환자들이며, 특별한 치료법에도 반응하지 않는 환자들에게 위약 효과(placebo effect)가 가장 중요한 역할을 한다고 강조하였다. 나아가 나머지 25%의 환자들에게서조차 위약 효과를 통해 의학적 치료가 더 큰 효과를 거둘 수 있다고 하였다. 이처럼 명상의 의학적 효과가 본격적으로 연구되면서 미국에서는 많은 심신 수련의 의학적 연구와 임상적 적용이 시도되고 있다. 이로 인해 마음가짐이 신체에 영향을 미친다는 사실은 명상의 생리적 효과뿐만 아니라 정신신경면역학(psychoneuroimmunology), 정신신경내분비학의 결과로 증명이 되고 있다.

인지 행동 치료(Cognitive Behavioral Therapy)는 우리의 내면에 잠재되어 있는 왜곡되고 경직된 생각들을 찾아내고 바로잡아 줌으로써 좀 더 조화롭고 건강한 삶을 가꾸어 나갈 수 있도록 도와주는 치료 기법이다. 사고 패턴이 바뀌면 사람의 감정과 행동을 바꿀 수 있다는 가정에서 출발하는 인지 행동 치료의 목적은 학습된 오해를 바로잡아 경험을 새롭고 유용한 테크닉으로 대체하는 것이다. 따라서 파괴적이고 부정적인 사고 패턴을 분석해 새로운 행동으로 실천에 옮길 수 있도록 지원하는 것이 그 치료법이다. 예를 들면 부정적 사고 일지 작성, 역할극, 일상생활의 한 부분을 새로운 방식으로 경험하는 훈련을 하는 것이다. 근래에는 이것이 효과적인 정신 치료법으로 인정되어 임상적 적용 범위가 넓어지면서 불안증, 우울증, 공황 장애, 섭식 장애 등 다양한 정신 장애 치료법으로 자리매김하고 있다(Jacobs et al., 2004).

3. 긍정 심리학 및 행복에 관한 연구

긍정 심리학(Positive Psychology)은 기존 심리학이 건강(wellness)보다는 질병(illness)에 집중했다는 반성에서 비롯되었다(Seligman & Csikszentmihalyi, 2000). 긍정 심리학은 기존의 심리학적 접근과는 반대로 인간이 가지는 긍정적인 면(예: 희망, 지혜, 창의성, 용기, 인내, 도덕성, 협동, 이타심, 선량함)에 초점을 둔다. C. Rogers의 인간 중심 상담과 A. Maslow의 욕구 위계론을 필두로 하는 인본주의 심리학이 긍정 심리학과 같은 성향을 가지지만 긍정 심리학은 축적된 경험적·과학적 접근을 통해 인본주의 심리학의 약점을 극복하고자 한다.

긍정 심리학의 창시자로 일컬어지는 M. Seligman(1990)은 좌절을 겪으며 우울해 하는 사람과 이를 발판으로 다시 재기하는 사람들 간의 차이를 연구했다. Seligman은 인생에서 겪는 좌절과 패배를 자기 자신에게 해석하고 설명하는 방식의 차이로 두 집단 간의 차이를 설명하고 있다. 따라서 병이 들었을 때도 자신의 건강을 긍정적으로 생각하는 훈련이 필요함을 강조한다. 낙관주의를 학습하는 과정은 자기 파괴적인 사고를 식별하는 데에서 시작한다. 즉, 부정적인 감정을 일으키는 사고 습관이 무엇인지 파악함으로써 역경에 적응할 수 있는 능력을 배양하는 것이다(Seligman, 2002). 긍정 심리학에서 선호하는 연구 주제는 주관적 안녕(subjective well-being), 생의 최적 경험(optimal experience), 자기 결정(self-determination), 지혜, 창의성 그리고 문화적 환경 등이다(Frisch, 2006).

Seligman은 행복한 삶을 '즐거운(pleasant) 삶', '좋은(good) 삶' 그리고 '의미 있는

(meaningful) 삶'으로 분석하여 설명한다. 그리고 이러한 행복한 삶을 위해선 '긍정적인 감정(positive emotions)'을 가져야 한다고 보는데 이 감정은 현재의 감정뿐만 아니라 만족감, 자부심, 풍요로움과 같은 과거의 경험을 통한 감정과 희망, 자신감, 낙관, 믿음과 같은 미래에 대한 긍정적 감정까지 포함하는 개념이다. 이처럼 긍정 심리학적 관점에서는 행복이 외적 환경과 조건에 의한 상황의 문제가 아니라 '내면의 경험들을 조절하는 능력' 을 통해 만들어 갈 수 있는 것으로 보고 있다.

행복한 사람들에 대한 연구들은 앞서 제시된 심신 의학 차원에서도 과학적으로 설명되고 있다. 행복한 집단은 통제 집단에 비해 코티솔(스트레스 호르몬) 수치가 낮을 뿐만 아니라, 제2형 당뇨병과 고혈압 발병률도 낮음이 보고되었다(Seligman, Steen, Park & Peterson, 2005). 또한 독감 백신을 맞았을 때도 항체가 더 많이 생성되어 면역 기능이 강해진다. 낙천주의는 유머, 지혜, 사회성과도 긍정적인 관계를 보이는데(Ben-Shahar, 2007), 이로써 낙천주의자들은 심장병 발병률이 낮고 폐활량이 좋음을 설명할 수 있는 것이다.

반면 불행한 집단은 혈류 내 혈당 수치가 높아 심장 질환에 걸릴 발병률이 높아진다. 또 다른 연구에서는 가시화(visualization) 테크닉을 통해 스트레스 관리 훈련을 받은 환자들이 약물 치료를 받은 사람과 동일한 수준으로 혈당 수치가 개선됨을 보여 주고 있다(Gruzelier, 2002).

4. 종교와 영성에 관한 연구

과거에는 종교와 영성이 과학적인 연구에서 많이 배제되었지만 최근 들어 수많은 과학적 연구에서 종교와 영성이 건강에 유익한 요인으로 입증되면서 종교와 영성이 건강과 웰빙에 미치는 효과에 대한 활발한 연구가 진행되고 있다. 신앙인은 무신론자에 비해 생활에 더 만족하고 긍정적인 태도를 가지며, 더 많은 사회적인 지지를 얻고, 목적의식이 강하다(Koenig, McCullough & Larson, 2001). 종교와 신앙은 사회적 소외와 경제적 궁핍이 주는 고통에서 완충 역할을 하기도 한다(Bierman, 2006).

신앙인은 지역 사회 일원으로서의 소속감이 강하기 때문에 상대적으로 이혼율이 낮고(Wink & Dillon, 2003), 사별에서 오는 스트레스를 해소하는 능력이 강하다. 알츠하이머에 걸릴 발병률은 신앙인이나 무신론자나 유사하지만, 신앙인의 경우 알츠하이머에 걸려도 인지 능력의 퇴보 속도가 느리게 나타났다(Pargament, 1997). 반면 종교의 부정적인 측면 또한 배제할 수 없다. 종교인의 경우 선입견이 강하고 배척하는 경향이 강하다. 따라서 학자들은 종교와 영성을 구분할 필요가 있음을 강조한다.

영성은 우리 인생에 의미, 희망, 내적인 평화를 주는 원천이라고 정의할 수 있다. 대다수의 사람들은 종교를 통해 자신의 영성을 찾고 추구하는 것으로 알려져 있다(Sutherland, Poloma & Pendleton, 2003). 그러나 어떤 이들은 예술, 음악, 자연 및 가치관, 윤리 등에서 영성을 발견하기도 한다. 이렇게 개인마다 영성을 추구하는 통로는 매우 다양하기 때문에 종교와 영성을 엄밀히 분리하는 것이 요즘의 추세이다.

기존의 선행 연구들은 긍정적인 신념, 정서적인 위안, 종교에서 비롯된 힘, 명상, 기도 등이 치유와 웰빙에 기여한다는 결론을 제시한다. 그러나 어떻게 영성이 건강과 관련을 맺는지는 아직 과학적으로 증명되지 않았다. 단지 몸-마음-영성의 긴밀한 관계가 건강에 영향을 미칠 것이라고 추정하는 단계이다. 따라서 영적인 건강을 증진시킨다고 질병을 완치하는 것은 아니지만, 그것이 기분을 좋게 해 주어 질병을 예방할 뿐만 아니라 병으로 인한 스트레스의 대처에도 유익하다고 할 수 있다.

개인마다 영성을 발견하고 추구하는 방법이 다르므로 영적인 건강을 정의하는 데에는 어려움이 있다. 전문가들은 개인이 스스로에게 내적인 평화, 위안, 힘, 사랑 및 관계의 원천이 무엇인지를 먼저 파악하고, 영성을 촉진시키는 원천을 일상생활에 도입하고 실천할 것을 권고하는데, 지역 사회에서의 봉사 활동, 기도, 명상, 찬양, 독서, 등산, 요가, 묵상, 운동, 종교 서비스 참여 등을 예로 들 수 있다.

이상으로 통합적 건강 프로그램의 개발 배경이 되는 치유를 위한 의학, 명상, 이완 반응, 인지 행동 치료법, 긍정 심리학, 종교와 영성에 관한 연구들을 요약해 보았다.

기존 연구의 문제점과 앞으로의 전망을 분석해 보면 다음과 같다.

첫째, 몸-마음-영성의 상관관계를 이해하는 연구가 더 많이 이루어져야 할 것이다. 심혈관 질환, 급·만성 통증, 소화기계 질환 등의 원인으로 기존의 연구들은 마음(mind)을 관련시켜 왔다. 마음(정신, 인지, 정서적 기능)과 신체 간의 연관성을 지지하는 증거는 충분히 있지만, 그 둘 사이에 존재하는 복잡한 세부 사항들에 대해서는 과학적으로 완전히 이해되지 못한 상태이다. 많은 명상법이나 종교, 철학 체계나 수행 방법이 지니는 공통적인 치유 요소라든가 각 수행법이 건강에 주는 혜택은 유사하다고 여겨지지만, 각 개인의 인식 체계와 믿음의 정도에 따라 그 차이는 존재할 것으로 추정된다. 따라서 몸－마음－영성의 상관관계에 대한 보다 많은 연구가 요구된다.

둘째, 앞에서도 언급했듯이 노년기의 건강과 삶의 질을 다차원적인 시각으로 접근해서 이를 바탕으로 지역 사회의 노인 종합 복지관에서 실행할 수 있는 프로그램을 개발해야 한다.

셋째, 몸－마음－영성 프로그램을 통해 노인을 위한 평생교육이 가능함을 증거 기반 실습(evidence-based practice)을 통해 입증해야 한다.

제3장
몸-마음-영성 프로그램의 실제

1. 프로그램의 기본 틀

　선행 연구 및 전문가 의견을 바탕으로 하여 구성된 본 프로그램은 [그림 1]에 나타난 바와 같이 크게 몸 영역, 마음 영역, 영성 영역으로 구성되어 있다.

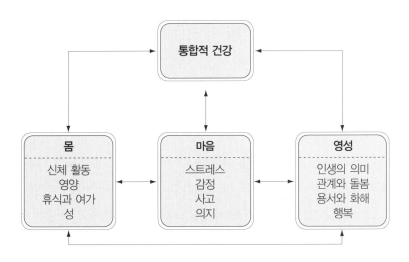

[그림 1] 몸-마음-영성 프로그램 내용의 기본 틀

2. 프로그램의 목적 및 목표

몸-마음-영성 프로그램의 목적은 노인 참여자들로 하여금 노화 과정을 이해하고 이에 긍정적으로 적응할 수 있도록 함으로써 노년기의 통합적 건강을 향상시키는 데에 있다. 이와 같은 목적을 달성하기 위하여 본 프로그램은 다음과 같은 구체적 목표들을 갖는다.

> **몸 - 마 음 - 영 성 프 로 그 램 의 목 적**
>
> 노인 참여자들로 하여금 노화 과정을 이해하고 이에 긍정적으로 적응할 수 있도록 함으로써 노년기의 통합적 건강을 향상시킨다.

① 노인들이 몸-마음-영성이 연결된 통합적 건강을 이해하고 노년기의 건강과 삶의 질을 다차원적 시각에서 이해할 수 있다.

② 신체 활동, 영양, 휴식과 여가, 성에 대한 학습을 통해 노인들이 노화 과정에서 나타나는 자신의 신체적 변화를 정확히 이해하고 건강관리 방법을 터득할 수 있다.

- 운동과 신체 활동의 중요성을 이해하고 스스로의 건강관리 활동을 점검하여 자신에게 맞는 생활 체육을 계획할 수 있다.
- 자신의 건강을 관리할 수 있는 영양에 대한 기본적인 지식과 정보를 얻고 건강 유지를 위한 건강 식단을 계획할 수 있다.
- 적절한 휴식의 중요성을 인식하고 적극적인 여가 활용을 계획할 수 있다.
- 성에 대한 고정관념이나 부정적 인식을 개선함으로써 삶에 대한 의욕을 고취시킬 수 있다.

③ 노화 과정에서 겪는 스트레스 및 다양한 감정에 대한 긍정적 사고 훈련을 통해 노인들의 습관 및 사고방식을 변화시킬 수 있고 노화 과정을 긍정적으로 수용할 수 있다.

- 노화와 정신 건강, 스트레스와 노화 과정의 상관성을 이해하고 자신의 스트레스 반응을 관찰하여 이를 이완하는 방법을 습득할 수 있다.
- 노인 감정의 다양성을 이해하고 자신의 감정 및 타인의 감정을 확인하는 훈련을 통하

여 자신의 감정을 표현할 수 있으며, 타인과의 친밀감 및 공감대를 형성할 수 있다.

- 인지 행동 치료법을 통해 부정적 사고방식을 긍정적으로 전환하도록 훈련함으로써 문제 해결 능력 및 수용 능력을 향상시킬 수 있다.
- 노화의 장점 및 자신이 지닌 가치를 이해하고 감사하는 습관을 배양함으로써 자신의 인생을 긍정적으로 변화시킬 수 있는 의지를 훈련한다.

④ 인생의 의미, 관계와 돌봄, 용서와 화해, 행복에 대한 성찰을 통해 노인들이 가족 · 이웃 · 공동체에서의 원만한 인간관계를 유지하고 타인을 위해 자신의 능력을 활용하는 기회를 갖고 인생의 의미를 찾아 행복한 노후를 설계할 수 있다.

- 현재까지의 삶을 반추해 보고 인생의 의미를 구체적으로 생각해 봄으로써 자신의 영적 건강 상태를 스스로 점검해 볼 수 있다.
- 관계의 중요성을 이해하고, 다른 사람들을 위해 할 수 있는 일들을 계획하고 실천함으로써 일상생활에서 삶의 의미와 희망 그리고 위안을 얻을 수 있는 능력을 향상시킬 수 있다.
- 진정한 용서와 화해의 개념을 이해하고 구체적인 실천 방법 및 절차들을 연습해 봄으로써 마음속의 오랜 상처들을 흘려보내고 진정한 마음의 평화를 얻을 수 있다.
- 종합적이고 장기적인 행복한 노후 설계를 통해 자신의 삶을 보다 적극적이고 체계적으로 계획하고 변화시켜 나갈 수 있다.

⑤ 지속적인 학습의 기회를 찾아 노인들이 보다 적극적이고 주체적으로 참여하는 평생 참여자가 될 수 있다.

3. 프로그램의 내용 및 운영

1) 프로그램 일정 및 내용 구성

본 프로그램의 내용은 선행 연구 및 전문가 의견을 바탕으로 하여 크게 몸 영역, 마음 영역, 영성 영역으로 구성되어 있으며, 총 14회기로 진행된다.

〈표 1〉 프로그램 일정 및 내용 구성

주	영역		내용
1	오리엔테이션 및 사전 조사		· 진행자/참여자 소개 · 몸-마음-영성의 통합적 건강 · 설문지 작성 · 신체검사
2	몸	신체 활동	· 운동 및 생활 체육의 필요성 · 노인에게 권장하는 운동 · 운동 촉진 요인 및 장애 요인 · 기초 요가 · 주간 운동 계획 짜기
3		영양	· 식습관의 중요성 · 항염증 식이 요법 · 오메가 3 · 식품 섭취도 파악 및 개인적 식습관의 문제점 · 호두 음미하기 · 건강 식단 짜기
4		휴식과 여가	· 휴식의 중요성 · 수면 위생 · 술과 알코올의 영향 · 자신을 아끼는 방법 · 이완 실습 요가(수면요가)
5		접촉과 성	· 노인과 성 · 노인 이성 교제의 어려움 및 개선책 · 비정상적인 노인 성 관계의 문제 · 영상 자료를 이용한 토론 · 요가

6	마음	스트레스	· 스트레스란? · 스트레스와 노화 · 스트레스와 이완 반응 · 개인별 스트레스 원인 및 긴장 완화 방식 · 이완 명상 실습
7		감정	· 노인 감정의 다양성 이해 및 자신의 감정 상태 파악 · 분노 및 부정적 감정과 표출 방법 · 감정 달래기 명상법 · 웃음 요가
8		사고	· 긍정적 사고 · 인지 행동 치료법 · 인지 행동 치료법 적용 사례 · 부정적 사고 패턴 고찰 및 인지 행동 치료법 적용
9		의지	· 노화의 장점 · 자신이 지닌 가치 찾기 · 감사 일지 쓰기 · 긍정적 심상 찾기 · 영성과 인생의 의미 · 내 삶의 이야기
10	영성	인생의 의미	· 나의 영적 건강 살펴보기 · 영성 훈련을 위한 방법들 · 개인적 인생의 의미와 목표의 변화
11		관계와 돌봄	· 개인적, 사회적 관계의 중요 · 가족과 관계의 개인적 역사 · 이타적 행동의 실천 전략 · 관계도 작성
12		용서와 화해	· 용서란? · 용서와 화해의 대상 설정 및 구체적 방법 · 화해를 위한 구체적 계획 수립
13		행복	· 행복이란? · 행복을 구성하는 요인 · 행복 헌장
14	마무리 및 사후 조사		· 행복 헌장 실천 소감 발표 · 프로그램 이수 소감 발표 · 사후 조사 · 신체검사

2) 프로그램 장소

- 복지관 및 대학 사회 교육원 등 노인 교육 관련 기관
- 노인 전문 병원(입원 및 외래 방문 환자 프로그램)
- 참여자들이 프로그램에 집중할 수 있도록 조용한 장소에서 진행되어야 하며, 간단한 체조가 가능한 공간적 여유가 있는 장소를 마련한다.

3) 대상 및 참가 인원

- 신체 및 인지 기능에 손상이 없는 노인을 대상으로 한다.
- 학급당 참가 인원은 최대 20명을 넘지 않도록 한다.
- 연령은 제한하지 않아도 되나 남녀 성비의 균형을 맞출 것을 권한다.
- 참여자용 매뉴얼이 활용되므로 한글의 읽기와 쓰기가 가능한 대상자를 모집하여야 한다.

4) 지도자

- 사회복지사, 평생 교육사, 심리 치료사 등 노인 복지 및 노인 교육 관련 종사자
- 각 영역별 내용 전문가
- 프로그램을 진행하는 주 진행자 외에도 원활한 프로그램 진행과 참여자의 활동을 보조하기 위한 보조 진행자가 필요하다.

5) 유의 사항

- 본 프로그램의 매뉴얼은 진행자용과 참여자용으로 이루어져 있다. 진행자용 매뉴얼에는 많은 사례들과 진행 방법 등이 제시되어 있으며, 참여자용 매뉴얼에는 참여자들이 보다 직접적으로 수업에 참여할 수 있도록 워크북의 형태를 띠고 있다.
- 매뉴얼에 제시되어 있는 각 수업별 지도안은 하나의 사례로 제시된 것이므로 실제

프로그램 운영 시에는 진행 시간 및 진행 순서 등을 변화시킬 수 있다.

- 진행자의 재량과 참여자 집단의 역동성에 따라 매뉴얼을 융통성 있게 운영한다. 다만 참여자들이 노인이므로 프로그램 진행자는 노인 참여자의 특성을 항상 염두에 두어야 한다.
- 프로그램 진행자와 보조 진행자는 매 회기 일지를 작성하며, 프로그램 진행 및 참여자 참여 활동, 집단 역동성에 관한 의견을 충분히 나눌 것을 권한다.
- 참가자 중도 탈락 방지와 동기 부여를 위한 전략이 필요하다(예: 매회 프로그램 시작 전 전화를 통하여 참여 독려하기, 칭찬 많이 해 주기, 식사 등의 친목 모임을 갖기, 참여자들이 소속감을 가질 수 있도록 통일된 단체복이나 책가방 등을 나누어 주기 등).
- 프로그램 시작 전에 가능한 진행자와 보조 진행자가 참여자를 개별적으로 만나 참여자를 파악하고, 참여자에게 프로그램을 소개하는 시간을 갖는 것이 좋다.
- 참여자에게 제시되는 과제는 프로그램 참여에 대한 부담 및 중도 탈락의 요인이 되므로 과중하게 부과하지 않아야 한다.
- 참여자의 과제 수행 능력이나 개인 성향 등에 따라 지나치게 세심한 과제 확인은 참여자에게 부담을 안겨 줄 수도 있으므로 과제 확인의 정도를 느슨히 하거나 그 횟수를 조절하는 것도 방법이 될 수 있다.

4. 각 수업별 지도안

1회기 **오리엔테이션**

1회기 수업 개요

회기	1			
수업명	오리엔테이션 및 사전 조사			

수업
목표
	· 노인들이 몸-마음-영성의 연결성을 이해하고 노년기의 건강과 삶의 질을 다차원적
	  시각에서 이해할 수 있다.
	· 사전 조사 및 신체검사를 통해 현재의 상태를 진단하고 프로그램에 대한 요구를 인식
	  할 수 있다.			

일시/장소	○○○사회복지관			
담당자	○○○			
단계	내용(교수 학습 활동)	방법	매체 및 준비물	시간
도입	· 진행자 소개 · 참여자 소개 · 참여자 요구 파악 및 동기 유발 질문			25분
전개	· 몸-마음-영성의 통합적 건강 · 몸-마음-영성 프로그램 전반적 소개	강의	참여자 매뉴얼	25분
	휴식			10분
	· 개인별 목표 설정 · 사전 검사 · 신체검사	활동	검사지 신체검사 도구	45분
정리	2회기 수업 안내			5분

(1) 도입

① 진행자 소개 및 참여자 소개

● **진행자 유의 사항**

– 〈참고 자료 1회기-1〉을 이용해 참여자들이 자신을 소개할 수 있도록 한다.

– 25분 동안 '나를 소개합니다'와 다음의 '참여자 요구 파악 및 동기 유발 질문'이 이루어져야 하므로, 〈참고 자료 1회기-1〉의 예시 중 몇 가지 질문만을 선택해서 진행할 수도 있다.

– 참여자 집단의 역동성과 참여자 집단 전체 인원을 고려하여 전체 집단을 대상으로 진행하거나 혹은 몇몇 소집단을 구성해 진행한다.

〈참고 자료 1회기-1〉

'나를 소개합니다'

1. 나의 이름은
2. 내가 여기 와 있는 이유는
3. 내가 가장 좋아하는 말은
4. 내가 가장 편안함을 느낄 때는
5. 내가 가장 행복할 때는
6. 내가 가장 화가 날 때는
7. 당황하거나 어리둥절할 때 나의 버릇은
8. 여(남)성으로서의 나의 매력은
9. 내가 가장 잘 어울리는 집단은
10. 나의 친구들은 나를
11. 지금 나의 기분은

② 참여자 요구 파악 및 동기 유발 질문

🖊 어르신들께서는 어떻게 이 프로그램에 참여하시게 되셨습니까?

　　예: 건강해지시려고요? 친구 사귀시려고요?

🖊 경험적으로, 몸-마음-영성이 관련이 있다고 생각하십니까?

　　예: 마음이 아파 앓아누우신 적이 있으신가요? 혹 수련을 경험하신 분이 계신다면, 그 수련이 몸과 마음에 어떤 영향을 주었는지 설명해 주실 수 있으신지요?

● **진행자 유의 사항**
- 질문을 던질 때에는 참여자들이 부담감을 갖지 않도록 충분히 예를 들어 주면서 참여자들의 반응을 끌어내도록 한다.

(2) 전개

① 강의

㉠ 몸-마음-영성의 상관관계 및 몸-마음-영성 프로그램의 필요성

건강의 어원은 '완전한' 혹은 '전체'라는 의미의 whole에서 시작되어, 이것이 hale로, 그리고 다시 health로 변형되었다. whole의 의미에서 보이는 것과 같이, 건강이란 인간을 구성하는 전 요소, 즉 신체적, 정신적, 사회적, 영성적 모든 면에서의 건강함을 함축하고 있다.

세계보건기구(WHO)의 헌장에 따르면, 건강이란 '단순히 질병이나 허약함이 없는 상태가 아니라 신체적, 정신적 및 사회적으로 완전한 안녕 상태로 정의되어 있다. 이러한 정의는 건강과 관련하여 신체적 건강에만 주로 놓이던 관심을 보다 넓히는 데 큰 공헌을 하였다. 특히 최근에는 몸과 마음의 통합적 연결에서 더 나아가 영성적 측면을 건강의 개념에 통합하려는 움직임들이 있어 왔으며, 본 프로그램은 보다 선구적 입장에서 몸-마음-영성을 통합하여 노인들의 삶의 질을 향상시키는 데 도움을 제공하고자 한다.

㉡ 몸-마음-영성 프로그램의 소개

1장의 내용을 참조하여 참여자들에게 전반적 프로그램의 개요와 흐름을 소개해 준다.

② 활동

㉠ 개인별 목표 설정

참여자들로 하여금 몸-마음-프로그램의 목표와 개요를 올바르게 이해하도록 돕고, 참여자들 스스로 이 프로그램을 통한 개인적 목표들을 수립하도록 자극한다. 목표 설정 및 성취와 관련하여 〈참고 자료 1회기-2〉를 사례로 든다.

> **〈참고 자료 1회기-2〉 목표의 수립 및 성취를 위한 단계**
>
> 1단계: 진정으로 원하는 목표를 설정한다.
> 2단계: 생각한 목표를 구체적으로 적어서 정리한다.
> 3단계: 목표를 성취했을 경우의 장점들을 적는다.
> 4단계: 목표가 측정 가능하도록 만든다.
> 5단계: 장애 요인들을 확인한다.
> 6단계: 목표를 달성하는 데 필요한 지식이 무엇인지 확인한다.
> 7단계: 목표를 달성하는 데 도움을 줄 수 있는 사람이나 집단을 확인한다.
> 8단계: 계획과 도달 일정을 수립한다.
> 9단계: 목표 달성에 대한 명확한 시각적 이미지를 그려본다.
> 10단계: 포기하지 않는다.
>
> 출처: Cusack, S. A. & Thompson, W. (2003), *Mental Fitness for Life: 7steps to healthy aging*, p.5.

㉡ 사전 조사 - 부록 1 참고
㉢ 신체검사 - 부록 1 참고

(3) 정리

2회기 수업 예고

앞으로 4주간은 몸의 건강에 초점을 맞추어 수업이 진행될 예정입니다. 그 첫 시간으로 다음 주에는 신체 활동에 대해 함께 생각하고 실천해 보는 수업이 될 것입니다.

■ 사전 준비: 입학식

· 1회기는 프로그램이 시작되는 첫 시간이므로 참여자들의 동기 부여와 참여 의식 고취를 위해 프로그램 시작 전에 입학식을 진행하는 것도 좋은 방법이다.

· 초청장을 입학식 전에 발송한다면 참여자들이 가족 및 친지, 이웃의 격려 속에 참여할 수 있을 것이다.

· 입학식의 식순은 '개회사-축사-학생 선서-단체복 및 참여자 매뉴얼 수여'의 순으로 진행할 수 있으며, 프로그램 진행 시간에 차질을 빚지 않도록 분 단위로 사전 계획을 세워둘 것을 권한다.

· 개회사와 축사는 함께 진행할 수 있으며, 기관장이나 지역 인사의 축사는 참여자의 동기 부여에 도움이 된다.

· 입학식에 필요한 준비물로는 (참여자 매뉴얼, 단체복, 명찰, 필기도구, 요가 및 명상 동영상 CD를 넣은) 참여자 책가방, 참여자 선언문, 식순지, 다과, 프로그램 현수막 등이다.

· 참여자들이 노인이므로 입학식과 프로그램이 진행될 장소의 거리가 지나치게 멀거나 이동이 불편한 것은 지양하며, 가능한 같은 장소에서 이루어질 것을 권한다.

· 입학식이 끝나고 프로그램이 진행되어야 하므로 시간 단축을 위해 이동이 쉽도록 하며, 사전에 이를 유념하여 장소 배치를 한다.

■ 도입

· 진행자와 보조 진행자 소개 및 참여자의 자기소개

· 참여자 요구 파악 및 동기 유발 질문을 하여 프로그램 시작 단계에서 참여자에 대한 파악을 충분히 할 수 있도록 한다.

· 도입 시에 참여자의 자기소개와 요구 파악을 통해 참여자 정보를 획득할 수 있겠으나 사전에 교육 수준, 종교 등의 신상 파악을 해 둘 것을 권한다.

· 집단 역동성에 유념하여 참여자들의 관계를 관찰하는 것이 필요하다.

■ **전개**

· 개인별 목표 설정이 끝난 뒤에 집단 규칙을 참여자가 함께 정해 보는 것도 프로그램 참여의 요인이 되므로 이를 권장한다.

· 신체검사를 위해 신장, 체중, 혈압 측정 장비를 사전에 준비해 두어야 하며, 프로그램 진행 장소에 준비를 해 두기 어렵다면 프로그램 진행에 무리가 없도록 신체검사의 순서를 변경 하는 것도 가능하다. 신체검사는 프로그램의 효과성 검사에 이용될 뿐만 아니라 노인 참여 자의 흥미 유발 도구로서도 유익하다.

· 사전 검사 시 글의 읽기, 쓰기가 가능한 참여자를 선별하였을지라도 어려움을 겪는 참여자 가 있는 경우도 있으므로 진행자 및 보조 진행자가 이를 보조하여야 한다.

■ **정리**

· 2회기부터 요가 활동이 진행되므로 참여자들에게 활동에 편한 복장으로 참여하도록 미리 알려주는 것이 필요하다.

2회기 몸-신체 활동

2회기 수업 개요

회기	2			
수업명	몸-신체 활동			
수업 목표	노인들이 자신의 신체적 변화를 이해하고 스스로의 건강관리 활동을 점검하여 자신에게 맞는 신체 활동을 계획할 수 있다.			
일시/장소	○○○사회복지관			
담당자	○○○			
단계	내용(교수 학습 활동)	방법	매체 및 준비물	시간
도입	· 동기 유발 질문 · 2회기 수업 개요 설명			5분
전개	· 운동 및 생활 체육의 필요성 · 노인에게 권장하는 운동	강의	참여자 매뉴얼	20분
	· 운동 장애 요인 · 운동 촉진 요인 · 운동 장애 요인 극복 방법	토론	필기도구 참여자 매뉴얼	25분
	휴식			10분
	· 기초적인 요가 배우기 · 개인별 주간 운동 계획 짜기	활동	요가 매트, 필기도구 참여자 매뉴얼	45분
정리	· 수업에 대한 정리 · 간단한 과제 · 3회기 수업 안내			5분

(1) 도입

① 동기 유발 질문

🎤 어르신들께서는 의식적, 계획적으로 하시는 운동이 있으신가요?

예: 흔히 아무런 운동을 안 하는 경우 사람들이 자주 이야기하는 그런 '숨쉬기 운동' 하시는 거 말구요. 걷기를 규칙적으로 하신다거나 수영을 하신다거나 요가를 하신다거나 보다 의식적으로 하시는 운동이 있으신지 말씀해 주세요.

② 수업 개요 제시

🎤 오늘 수업은 신체 활동에 대한 것으로 신체 활동 및 운동의 필요성, 노인에게 권장하는 운동의 유형에 대해 전체적으로 알아보고, 운동의 장애 요인에 대해 토론해 본 후 함께 주간 운동 계획을 한 번 짜 볼까요? 시작하기 전에 우선 제안하고 싶은 것이나 하실 말씀이 있으신가요?

● **진행자 유의 사항**

– 질문을 던질 때에는 전체적으로 눈을 맞추고 미소를 보여 한두 분이 부담 없이 대답할 수 있도록 한다.

– 비교적 큰 목소리로 너무 빠르지 않게 수업을 이끌어 나가도록 한다.

– 노인들은 낯선 학습 상황에서 긴장하기 쉬운데 지나친 흥분과 긴장은 학습을 방해하므로 지지적이고 자신의 가치를 느낄 수 있는 분위기를 첫 시간에 마련하는 것이 중요하다.

(2) 전개

① 강의

㉠ 운동 및 생활 체육의 필요성

노년기의 정기적이고 지속적인 운동은 심폐 기능 및 혈압을 향상시키고 유연성을 강화시킨다. 신체적 운동은 노인의 인지 기능에도 긍정적인 영향을 미치며 우울증 및 스트레스와 관련한 정서적 측면에도 도움을 준다. 우울증을 지닌 환자들에게 있어 운동은 항우울증 치료제(졸로프트)만큼 효과가 있다(Davidson, R. J., Kabat-Zinn, J., Schumacher, J., Rosenkrantz, M., Muller, D. & Santorelli, S. F. et al., 2003). 운동은 또한 스트레스의 완충 장치가 되어 신체적 긴장을 완화시키고 마음을 평온하게 하는 데 도움이 될 뿐만 아니라 수면 습관을 개선하는 데에도 도움이 된다.

신체적 활동을 하지 않는다면 심혈관계, 근육, 근력, 유연성, 골밀도, 신진대사율, 수면 습관, 성 생활, 정신적 능력 등이 감소하게 된다. 정기적으로 신체적 활동을 수행할 경우, 수명과 관련해서는 단지 1~2년을 증가시키는 데 도움이 될 수 있지만 노화 과정 동안의 신체적 훈련은 신체적 퇴화를 지연시키고 기능적 독립성을 10~20년간 유지시킬 수 있다(Weil, 2005). 노인들이 습관적으로 가만히 앉아 있는 현상은 근육의 쇠퇴 및 무력감을 높인다. 따라서 신체적 건강을 관리해 주는 생활 체육 프로그램들은 노인들이 자기 건강관리 방법을 터득하고 나아가 삶에 대한 의욕을 높일 수 있도록 해 준다. 또한 이러한 의욕적인 생활은 활발한 사회 참여를 가능하게 해 보다 적극적이고 긍정적인 삶을 영위할 수 있도록 한다. 그러나 신체 활동도 지나치면 오히려 몸에 좋지 않으므로 자신의 몸 상태를 고려하여 노인에게 맞는 신체 활동을 선택하고 실천해야 한다.

운동은 신체적 건강뿐 아니라 마음, 영성의 건강에도 긍정적 영향을 미치게 된다(류보머스키, 2008: 335-336). 구체적으로 첫째, 운동이나 체력 단련 훈련을 하면 스스로 자신의 몸과 건강을 조절하고 있다고 느끼게 되며 이러한 느낌은 자신이 가치 있고 능력 있다는 것을 알도록 해 준다. 둘째, 신체 활동은 근심과 생각을 반추하는 것을 몰아내서 긍정적인 기분으로 전환시켜 줄 뿐 아니라 몰입을 체험할 가능성도 높여 준다. 셋째, 다른 사람과 함께

운동에 다가가는 방법

· 아무리 사소하고 작은 실천이라도 안 하는 것보다는 낫다.
· 중간 강도의 운동에 집중하라.
· 운동을 삶의 일부로 통합시키라.
· 결과보다는 과정을 중시하라.
· 시간과 더불어 작은 변화들을 시도하라.

운동을 하면 사회적인 접촉의 기회가 생기기 때문에 사회적 지원이 확대되고 우정이 돈독해진다.

ⓛ 노인에게 권장하는 운동

• 유산소 운동
  – 효과: 면역, 인지 기능, 엔돌핀, 기분 전환
  – 매일 30분씩 중간 단계의 운동: 숨이 가빠지고 심박 수가 증가할 정도로 함
  – 예: 걷기, 계단 오르기, 정원 가꾸기, 수영/수중 에어로빅, 자전거, 실내 운동 등

• 무산소/근력 운동
  – 효과: 근육 양을 늘리고 인대를 강화하며 골밀도를 높여 줌
  – 웨이트 트레이닝: 주 2~3회 정도. 자주 하면 오히려 역효과일 수 있음
  – 필라테스: 스트레칭에 좋음
  – 튜빙: 고무의 탄성을 이용해 근육을 강화시키는 운동

• 유연성과 균형 운동
  – 효과: 낙상을 방지하고 노인들이 호소하는 신체적 불편을 감소시킴
  – 간단한 스트레칭 동작만으로도 만성적인 근육통을 해소하고 관절의 경직을 예방할 수 있음
  – 요가: 근육을 골고루 펴 주고 탄력을 주는 데 매우 효과적. 예를 들어 산 자세, 나무 자세, 전사 자세. 노인에게는 특히 호흡의 철학을 학습하는 하타 요가가 적합함
  – 태극권, 단학, 국선

새로운 운동 프로그램을 시작하기 전에 고려할 요인

· 현재/과거의 활동 수준
· 개인적 병력: 위험 요인 혹은 대사 질환 고려
· 근골격계 기능 이상
· 운동에 대한 태도: 좋아함/싫어함
· 동기

노인 운동 시 유의 사항

1. 개인에게 알맞은 운동을 한다.
   체력은 개인에 따라 차이가 크다. 또한 심장 질환, 호흡기 질환을 앓고 있는 경우는 의사의 지시에 따라야 한다. 젊었을 때부터 운동을 계속하고 있는 사람과 그렇지 않은 사람은 운동의 종류와 내용이 달라야 한다.

2. 적절한 휴식을 취한다.
   노인은 피로해지기 쉬우며 회복에도 시간이 걸린다. 도중에 휴식을 하거나 운동 후에는 충분한 휴식을 취하도록 한다. 운동 전후에 맥박, 호흡 및 신체 상태를 관찰하는 습관을 지니도록 한다.

3. 지속적으로 운동을 한다.
   노인의 취미나 흥미를 불러일으키게 하는 운동을 택해서 지속적으로 시행하도록 한다.

4. 사고 방지에 노력한다.
   노인의 운동 시에는 몸을 보호하기 위하여 의복이나 신발 등을 잘 선택하는 것이 중요하다. 활동하기 쉽고 흡습성이 좋은 의복이 좋으며 신발은 편안하고 굽이 낮은 것으로 선택한다. 교통이 복잡한 도로를 피하고, 계단을 오를 때에는 손잡이를 이용하고 넘어지지 않도록 주의를 기울인다.

② 토론

• 토론 주제: 운동 장애 요인, 개인별 운동 촉진 요인, 장애 요인 극복 방법

🎤 운동을 하는 데 있어 무엇이 가장 큰 장애 요인입니까?
(시간이 없어서, 너무 늙어서, 운동해서 뭐하나 싶어서, 그냥 하기 싫어서 등).

🎤 (운동을 하시는 분들께) 운동을 하는 데 있어 무엇이 가장 큰 동기 요인입니까?
(같이하는 사람이 있어서? 아니면 재미있어요? 하기 싫은데 건강하려고 억지로요?)

🎤 장애 요인을 극복하려면 어떤 방법이 있을까요? 〈참고 자료 2회가-1〉
(함께 운동할 사람 찾기, 운동 관련 수업에 참여하기, 걷기 모임을 만들기, 도보 여행 계획하기 등)

● **진행자 유의 사항**

– 적절한 예를 통해 사고를 자극할 수 있도록 돕는다.

– 참여자들이 토론의 흐름을 이해할 수 있도록 〈참고 자료 2회기-1〉의 예에서 보여 주는 바와 같은 표를 마련하여 함께 토론을 진행한다.

– 참여자들의 의견을 우선적으로 정리한 후, 〈참고 자료 2회기-2〉를 참조하여 동기 요인을 강화시 키고 장애 요인을 극복할 수 있는 방법들을 다시 한 번 확인한다.

> "신체적 운동을 할 시간이 없다고 여기는 사람들은 조만간 질병과 함께하는 시간을 갖게 될 것이다."〈작자 미상〉

〈참고 자료 2회기-1〉 운동 장애 요인, 운동 동기 요인, 장애 요인 극복 방법 정리 표

운동 장애 요인	운동 동기 요인	장애 요인 극복 방법

1. 가장 즐길 수 있는 운동을 하라.

　　괴로워하면서 윗몸일으키기를 굳이 20번씩이나 하느니 쇼핑, 춤, 정원 손질, 아이들과 놀아주기 등과 같이 몸을 계속 움직일 수 있는 것이면 된다. 심장을 더 많이 뛰게 하고 건강에 좋은 일이면 뭐든 상관없다. 운동이라는 단어에 너무 집착할 필요가 없다. 운동은 기분이 좋아지는 지름길이다. 그러나 먼저 자신에게 가장 잘 맞는 운동을 찾아야 한다. 무엇을 해야 할지 도저히 모르겠다면 걷는 것부터 시작하는 것이 가장 좋다. 점차로 수영, 달리기 등 다른 활동들을 시도해 보면서 자신에게 가장 잘 맞는 것을 찾도록 노력해야 한다.

2. 몸매 관리는 젊은 사람의 전유물이 아니다.

　　노인도 근육을 단련시켜야 한다. 미국과 영국의 연구 결과를 보면, 70대 이상 노인 중에서 석 달 동안 일주일에 3회씩 운동을 한 사람은 근력이 눈에 띄게 강화되었다고 한다.

3. 깨어 있는 시간 동안 몸을 최대한 많이 움직여라.

　　신진대사율을 높이고 싶으면 저강도 활동을 중간 강도의 활동으로 대체하라. 즉, 컴퓨터 모니터 앞에 앉아만 있지 말고 걷거나 자전거를 타는 활동을 해야 한다. 물론 재미있고 경제적이며 상황에 맞는 운동을 찾아야 할 것이다.

4. 동네에서 걷기를 좋아하는 사람들을 모으거나 개를 키워 함께 산책하라.

　　누군가와 함께 걷기 운동을 하는 것은 운동을 보다 즐겁게 지속시킬 수 있다. 개를 키운다면 매일 개를 산책시키면서 개와 친구가 될 수 있다.

5. 나갈 수 없다면 집에서 운동을 하라.

　　밖에 나가 정기적 운동을 할 수 없다면 헬스 기구를 이용하거나 요가 등을 통해 집에서 운동하는 방법을 고안한다.

6. 집안일을 하라.

　　집안일은 많은 칼로리를 연소시킬 수 있으며, 정리정돈을 하고 먼지를 닦아내면 큰 만족감을 얻을 수 있다.

7. 운동을 너무 심하게 하지 말라.

　　운동에 중독되면 부상을 입거나 인간관계에 문제가 생기거나 업무를 제대로 할 수 없게 되는 경우도 있다.

8. 즐겁게 운동하라.

　　최근 연구 자료를 보면, 경쟁적인 분위기에서 운동을 하는 사람은 그렇지 않은 사람보다 긍정적인 감정 반응이 떨어지는 것으로 보고되었다.

출처: 호가드, 리즈(2006). 『행복』(이경아 역). 서울: 예담. (수정 및 보완)

③ 활동

• 활동 주제: 기초 요가 배우기/주간 운동 계획 짜기

㉠ 기초 요가 배우기

요가란 산스크리트어로 '결합한다(yoke)'는 뜻이다. 요가의 수련은 신체와 마음을 하나로 결합하는 것이다. 또한 마음과 신체를 통일한다는 의미가 있기도 하다. 요가를 거듭함에 따라 이러한 연결감은 보다 실제화되고 전체감을 더욱 느끼게 될 것이다.

● 진행자 유의 사항

– 요가 매트를 준비하고 참여자들이 편안한 자세로 요가를 시작할 수 있도록 부드러운 분위기를 만든다.
– 참여자들이 마음을 안정시키고 편안함을 유지할 수 있도록 〈참고 자료 2회기-3〉을 참조하여 지도한다.

〈참고 자료 2회기-3〉 요가 수행시의 일반적 유의 사항

요가 수행 전 주의 사항
· 식후 2시간 이내는 피한다.
· 입욕 전후 30분은 피한다.
· 중병이나 수술 후에는 금지한다.
· 술을 마신 후에는 피한다.

요가 수행 중 주의 사항
· 요가 시 몸을 조이는 옷은 입지 않는다.
· 호흡의 흐름에 주의를 집중하고 숨이 들어가고 나감에 따라 아랫배가 오르고 내리는 것을 느낀다.
· 머리끝에서부터 발끝까지 전신이 하나가 되고 그것을 피부가 둘러싸고 있다는 느낌을 몇 초간 느낀다.
· 주의를 '현재'라는 순간에 집중하고 생각이 움직일 때마다 마음을 무엇에 빼앗기고 있는가를 확인한 후 그것을 조용히 내려놓고 지금이라는 현재의 순간으로 되돌아온다.

- 어딘가 문제가 있어 더 이상 무리하게 하는 것이 좋지 않겠다고 생각되는 자세가 있을 때에는 그냥 넘어간다. 만약 몸에 문제가 있거나 등뼈에 문제가 있을 경우에는 전문가와 상의하는 것이 좋다. 요가가 비록 대단히 부드러우면서도 치유 기능이 있지만 만약 이를 천천히 의식을 집중해서 점진적으로 하지 않는다면 오히려 근육을 다칠 수 있다.
- 자기 자신과 경쟁한다는 생각을 갖지 않는다. 즉, 현재의 한계를 넘어 무리하게 밀어붙이지 않는다.
- 한쪽 방향에 치우치지 않도록 주의한다. 즉, 전후/좌우를 같은 비율로 요가를 수행한다.
- 하나의 자세에서 다음 자세로 넘어갈 때에는 반드시 쉬어야 한다. 그 당시 하고 있던 자세에 맞춰 눕거나 앉아 있거나 편안한 자세를 그대로 유지한다.

출처: 카밧진, 존(2005). 『마음챙김 명상과 자기 치유』(장현갑 역). 서울: 학지사.
아키코, 히로이케(1998). 『기적의 치유력 요가』(정강주 역). 서울: 첨성대(수정 및 보완).

ⓐ 합장 자세

자율신경을 강화하고 목 결림이나 어깨 결림을 풀어 주며, 소화기를 튼튼하게 해 준다.

자세 실기

ㄱ. 무릎을 꿇고 앉아서 엄지발가락이 서로 닿을 정도로 붙이고 양 무릎은 허리 넓이로 주먹 하나 들어갈 정도로 벌린다. 배꼽 아래 단전을 서서히 불룩하게 내밀면 자연히 등줄기가 곧게 펴진다. 어깨의 힘을 빼고 턱을 가볍게 당기고, 눈은 정면을 바라보고, 손은 가볍게 대퇴부 끝부분에 둔다. 배를 움직이면서 천천히 호흡하고 마음을 조절한다. 등줄기는 곧게 펴고 어깨와 팔은 힘을 빼고 느슨하게 해 준다.

ㄴ. 양손은 가슴 앞에서 합장한다. 스스로 이것이 세상에서 가장 아름다운 자세라고 생각한다. 겨드랑이 아래에 계란 하나 끼어 있다 생각하고 어깨나 팔꿈치의 힘을 뺀다.

ㄷ. 숨을 토하면서 상체를 앞으로 숙이고 양 손바닥을 바닥에 붙이고 미끄러지듯이 똑바로 앞쪽으로 뻗는다. 이마가 바닥에 닿을 때까지 상체를 굽혀 뻗는데 이때 엉덩이가 들리지 않도록 주의한다. 겨드랑이 부분을 충분히 펴 주고 힘을 뺀 다음 6~10초간 그대로 자세를 유지한다. 무리하지 않는 선까지 자세를 유지해도 좋다.

ⓑ 목 운동

어깨 결림, 두통, 현기증, 귀 울림, 비염 등 어깨 위의 모든 증상에 효과적이고, 몸과 마음의 긴장을 푸는 데도 좋다.

자세 실기

ㄱ. 자리에 편하게 앉아 등줄기를 곧게 세운다. 손은 머리 뒤로 깍지를 끼고 손의 무게를 가하면서 천천히 앞으로 굽힌다. 이때 어깨의 힘을 빼고 턱을 잡아당겨 목의 움푹 들어간 곳을 충분히 펴 준다. 숨을 길게 토하고 기분 좋을 정도로 반복한다.

ㄴ. 다음, 양 손을 깍지 끼어 하복부에 내려놓고 머리는 뒤로 힘껏 넘긴다. 눈을 감고 기분 좋을 정도의 고통을 느끼면서 10초 정도 넘겼다가 천천히 본래 위치로 돌아온다.

ㄷ. 목을 오른쪽 뒤로 비스듬히 넘겼다가 다시 왼쪽 뒤로 똑같이 넘긴다.

ㄹ. 목을 천천히 오른쪽으로 뒤로, 옆으로, 앞으로 2회 반복해 돌려주고, 왼쪽에서도 마찬가지로 2회 돌려준다. 기분 좋을 정도의 아픔이 느껴지는 곳에서 목을 되돌리고 충분히 맛보도록 한다.

ⓒ 손가락 운동

손가락에 분포된 경혈을 자극하여 전신의 상태를 기분 좋게 해 준다.

자세 실기

ㄱ. 편안한 자세에서 양손을 가슴 앞에서 합장한다. 이때 팔은 수평으로 하고 손등을 직각으로 세운다. 좌우에서 중심을 향해 힘껏 밀어 붙이면서 숨을 내쉰다.

ㄴ. 다음으로 손가락만 마주한 채 같은 방법을 반복한다.

ㄷ. 이번에는 손가락 전체의 바깥쪽을 마주하여 손가락이 아래로 향하게 (양 손등은 위로) 한 다음 좌우에서 중심을 향해 힘껏 밀어 붙이면서 숨을 내쉰다.

ㄹ. 손가락 하나씩 뒤로 젖히고 돌리면서 풀어준다.

ⓓ 삼각 자세

전신의 혈행을 좋아지게 하여 식욕 부진, 당뇨병, 기미에도 효과가 좋으며 목 결림을 풀어 주며 피로에도 좋다. 이 밖에도 소화, 천식에도 도움이 된다.

ㄱ. 두 발을 어깨보다 넓게 벌리고 선다. 숨을 들이마시면서 양팔을 좌우 수평으로 벌리고 어깨 높이까지 들어올린다.

ㄴ. 숨을 내쉬면서 상체를 왼쪽으로 서서히 숙이고 왼손으로 무릎을 잡는다. 오른손은 똑바로 위로 올리고 얼굴은 오른손 끝을 바라보도록 한다. 잠시 동안 이 자세를 유지한다. 호흡은 편안하게 한다.

ㄷ. 다시 숨을 내쉬면서 상체를 더욱 굽혀 오른손이 바닥과 평행이 되도록 하고 얼굴은 천장을 보도록 한다. 잠시 멈춘 후 서서히 본 자세로 돌아간다. 반대편도 실시한다.

ⓔ 비틀기 자세

장의 모든 기능을 강화시켜 소화불량, 변비에도 좋으며 허리 통증에도 효과가 좋다. 또한 간, 담 경락에 유용하고 미용 면에서 옆구리 살을 빼 주어 허리를 가늘고 유연하게 한다.

ㄱ. 우선, 두 다리를 앞으로 쭉 펴고 앉는다. 오른쪽 다리를 굽혀 발뒤꿈치를 엉덩이 아래쪽으로 잡아당긴다.

ㄴ. 왼쪽 발목을 손으로 잡고 오른 무릎의 바깥쪽에다 가져다 놓는다. 왼쪽 발바닥을 바닥에 대고 무릎을 세운다.

ㄷ. 오른 팔꿈치를 왼쪽 무릎의 바깥쪽에서 밀어붙인다.

ㄹ. 왼손을 등 뒤로 가져가면서 허리를 비틀어준다. 비틀 때 상체를 경사지게 하지 말고 턱을 당기고 목 줄기를 펴 준다. 무리하게 빨리 비틀거나, 반동을 주거나, 오랜 시간 계속하면 신장에 무리가 가므로 좌우 1~2회 정도로 3분 이내로 실시한다.

ⓒ 주간 운동 계획 짜기

● **진행자 유의 사항**

– 참여자들이 〈참고 자료 2회기-4〉와 〈참고 자료 2회기-5〉를 이용하여 계획을 세우도록 하되, 표를 꼭 채워야 한다는 생각을 버리도록 유도한다.

– 참여자들로 하여금 규칙적으로 할 수 있는 운동을 선택하도록 하고 가능하면 야외에서 하는 운동을 선택할 수 있도록 한다.

– 기존에 이미 행하는 운동이 존재하는 참여자들의 경우 이를 더욱 발전시킬 수 있도록 보다 구체적으로 계획을 짜도록 하고 운동을 실행하지 않고 계시는 분들은 간단한 걷기 운동부터 시작할 수 있도록 한다.

〈참고 자료 2회기-4〉 주간 운동 계획 1

	구체적 운동
월	15분 걷기, 청소하기
화	20분 걷기
수	30분 요가
목	30분 요가
금	30분 걷기
토	계단 오르기
일	수영

〈참고 자료 2회기-5〉 주간 운동 계획 2

	유산소 운동	근력 운동	유연성 운동
월			
화			
수			
목			
금			
토			
일			

(3) 정리

① 수업 정리

이번 시간에는 몸의 첫 번째 시간으로 신체 활동의 중요성에 대해 살펴보았습니다. 늙어가기 때문에 움직이지 않게 되는 것이 아니라 움직이지 않아서 더 쉽게 늙어간다는 사실을 잊지 마시기 바랍니다.

② 과제

오늘 수업 활동의 마지막 부분에 행했던 주간 운동 계획을 실천하는 것이 과제입니다. 처음부터 완벽하게 실천하는 것이 부담스럽다면 차근차근 다만 한 가지라도 다음 시간까지 실천해 옮겨보시기 바랍니다.

③ 3회기 수업 안내

다음 시간에는 몸의 두 번째 시간으로 영양에 초점을 두어 수업이 진행될 것입니다. 즉, 식습관의 중요성 및 건강에 좋은 음식들을 알아보고 개인적 식습관을 파악해 본 후 건강 식단을 함께 짜 보도록 하겠습니다.

부가자료

운동량 계산기
http://channel.patzzi.joins.com/channel/diet/dietplan/new_dietdiary/calc_exercise.asp?del_mode=del&mode=s&exercise

실천 가이드

■ **사전 준비: 요가 학습**

· 2회기부터 요가를 실시할 것을 전 회기에 미리 공지해 두어 요가 복장 준비와 요가 수행 전 주의 사항(pp.35-36 참조. 식후 2시간 이내는 피한다. 입욕 전후 30분은 피한다. 중병이나 수술 후에는 금지한다. 술을 마신 후에는 피한다)에 미리 대비하도록 하는 것이 필요하다.

· 사전에 참여자 개별 신체 활동 수준을 점검하는 것은 참여자의 요가 활동을 보조하는 데 도움이 될 것이다.

· 요가 수행 인원과 요가 매트의 크기를 고려하였을 때 여유 있는 공간인지 확인하는 것이 좋다.

· 요가 시작 전 공간 확보를 위한 책, 걸상 정리 및 이동 작업 시에 진행자는 참여자 상호간의 협동을 유도한다.

· 절대 신체에 무리가 가지 않는 범위 내에서 실행하기를 미리 권고해 두는 것이 필요하다.

· 정해진 요가 복장은 없으나, 상하 의복 모두 소매와 발목이 너무 헐렁하거나 조이는 것은 피하는 것이 요가 동작을 수행하기에 좋다.

· 양말을 신는 것도 무방하지만 벗는 것이 미끄럼 방지 및 안정된 자세 유지와 편안한 느낌을 주는 데 좋을 것이다.

· 요가 DVD 상영에 필요한 영상 장비 시설이 사전에 구비되어야 하며, 장비 점검을 미리 해 둘 것을 권한다.

· 기기 고장에 대비하여 진행자와 보조 진행자 중에 최소 한 명은 요가 동작과 순서를 숙지해 놓는 것이 좋다.

■ **도입**

· 3회기부터는 프로그램 시작 전 20분간 요가가 진행될 것을 미리 공지해 두는 것이 좋다.

· 요가 수행 중 주의 사항(pp.35-36 참조)에 대해 진행자는 참여자와 함께 읽어 볼 것을 권장한다.

■ **전개**

· 진행자는 참여자가 요가 동작을 순서에 맞게 따라올 수 있도록 음성 설명을 지속적으로 해 줄 것을 권한다.

· 요가 활동 진행 시 보조 진행자는 참여자의 개별 관찰과 요가 동작을 보조하는 것이 필요하다.
· 진행자는 요가 수행 중에 참여자에게 동작의 수행보다는 자신의 신체와 반응에 집중하는 것이 중요함을 강조하는 것이 좋다.
· 진행자는 참여자가 요가 수행 중에 하나의 자세에서 다음 자세로 넘어 가기 전에 쉴 수 있도록 하는 것이 좋다(예: 그 당시 하고 있던 자세에 맞춰 눕거나 앉아 있다가 편안한 자세를 그대로 유지시키며, "자, 다음 동작에 들어가기 전에 그대로 혹은 누워서 잠시 쉬어 줍니다").
· 요가 동작의 일정 유지 시간이 있지만, 반드시 지키지 않아도 무관하다.

■ 정리
· 진행자는 참여자에게 주간 운동 계획표 짜기, 과제 부여 시 일상에서 손쉽게 실행 가능한 것을 선정할 수 있도록 예시를 들어 주는 것이 좋다(예: 계단 오르내리기, 하루 10분씩 빨리 걷기 등).
· 요가 DVD는 참여자에게 개별적으로 배포하여 일상생활에서도 연습할 수 있도록 독려한다.

3회기 몸-영양

3회기 수업 개요

회기	3			
수업명	몸-영양			
수업 목표	노인들이 자신의 건강을 관리할 수 있는 영양에 대한 기본적인 지식과 정보를 얻고 건강 유지를 위한 건강 식단을 계획할 수 있다.			
일시/장소	○○○사회복지관			
담당자	○○○			
단계	내용(교수 학습 활동)	방법	매체 및 준비물	시간
도입	· 과제 확인 · 동기 유발 질문 · 3회기 수업 개요 설명			5분
전개	· 식습관의 중요성 · 항염증 식이 요법	강의	매뉴얼	20분
	· 식품 섭취도 파악 · 개인적 식습관의 문제점	토론	필기도구, 매뉴얼	25분
	휴식			10분
	· 호두 음미하기 · 건강 식단 짜기	활동	필기도구, 매뉴얼, 호두 등	45분
정리	· 수업에 대한 정리 · 간단한 과제: 음식 일지 쓰기 · 4회기 수업 안내			5분

(1) 도입

① 과제 확인

- 신체 활동 수업에서 부과된 '주간 운동 계획 실천' 과제를 확인한다. 참여자들이 주간 운동 계획을 지속적으로 실천하도록 자극하고 격려한다.

② 동기 유발 질문

🎤 어르신들 어제, 오늘 식사는 잘 하셨어요? '먹는 장면'을 한 번 떠올려 보세요.
  예: 무엇을 얼마나 드셨는지, 누구랑 드셨는지, 어디에서 드셨는지 그 모든 것들이 합쳐져 먹는 장면을 구성하죠?

③ 수업의 개요 제시

🎤 오늘 수업은 영양에 대한 것으로 식습관의 중요성, 항염증 식이 요법, 오메가 3가 풍부한 식품을 알아보고, 개인적 식습관의 문제점을 이야기해 본 후, 함께 마음챙김 호두 명상법과 건강 식단 짜기를 실천해 볼까요? 시작하기 전에 우선 제안하고 싶은 것이나 하실 말씀이 있으신가요?

● **진행자 유의 사항**
- 질문을 던짐으로써 참여자들의 수업 시작 동기를 유발해야 하므로 편안하면서 사고를 자극할 수 있는 분위기를 조성한다.

(2) 전개

① 강의

㉠ 식습관의 중요성
운동, 수면, 휴식 등과 함께 식습관은 전반적인 건강 상태에 중요한 영향을 미칠 뿐만 아니라 먹고 마시는 것이 사람의 기분을 상당 부분 좌우한다. 음식은 우리의 몸과 마음을 움직이는 연료가 되므로 보다 건강한 음식의 섭취가 중요함을 항상 인식해야 한다.

특히 가족 단위로 생각할 경우, 한 가족의 식습관은 상당히 유사하기 때문에 섭취하는 영양소도 비슷해 가족 구성원들 사이에서 영양의 불균형 현상이 유사하게 나타나 비슷한 질병에 걸리는 경우가 많다. 음식에서 질병이 만들어진다고 해도 과언이 아닐 정도로 올바른 식습관을 통한 균형 잡힌 영양 공급은 건강한 삶의 기본이 된다.

ⓒ 항염증 식이 요법

항염증 식이 요법을 소개하기에 앞서 정상 염증과 비정상 염증을 구분해 보면, 우선 정상 염증은 몸을 치유하는 데 핵심적인 역할을 하며 국소 부위의 상처와 공격에 맞서 싸우는 치유 체계이다. 그래서 정상 염증은 상처 부위로만 진행되며 소기의 목적을 달성하면 곧 없어진다. 정상 염증은 불편함을 초래하고 몸의 기능을 제한할 수 있지만 병을 치유하기 위해서는 치러야만 하는 대가이다.

반면 비정상 염증은 시간적, 공간적으로 지정된 범위를 넘어 확산되며 확산되는 과정에서 면역 체계를 파괴하는 요소들을 풀어놓는다.

항염증 식이 요법이 중요한 이유는 식생활이 염증을 좌우하기 때문이다. 우리가 어떤 식품을 선택하느냐에 따라서 우리 몸은 친염증 상태와 항염증 상태로 나뉜다. 친염증 상태에서는 비정상 염증이 발생할 가능성이 높고 온갖 질병이 유래한다. 항염증 상태에서는 정상적인 염증이 발생하여 신체의 다른 부분이 그 영향을 받지 않기 때문에 나이든 후 비정상 염증이 유발하는 질환을 앓을 위험이 낮다.

우리 몸에 필요한 영양소에 대해 살펴보면, 우선 다량 영양소는 조직을 유지하고 수리하는 에너지원이자 물질로 많은 양이 필요하며 지방, 탄수화물, 단백질이 이에 해당한다. 미량 영양소는 보다 적은 양으로 몸이 최선의 기능을 유지하는 데 필요하고 면역 기능 강화와 관련되며 비타민, 미네랄, 섬유질, 식물성 생리 활성 물질이 이에 해당한다. 이들 영양소들은 염증 상태에 각기 다른 영향을 미치므로 항염증 식이 요법을 위해서는 선택적 영양소 섭취가 중요하다.

항염증 식이 요법을 위한 기본적 사항은 다음과 같다.

- 다양한 식품을 섭취한다.
- 신선한 식품을 가능한 많이 섭취한다.
- 가공 식품이나 패스트푸드는 가능한 적게 섭취한다.
- 야채와 과일을 많이 섭취한다.
- 성인의 하루 필요 열량은 2,000~3,000칼로리인데 체구가 작고 활동량이 적은 사람은 필요 열량이 적고 체구가 크고 활동량이 많은 사람은 보다 많은 열량이 필요하다.
- 끼니마다 탄수화물, 지방, 단백질이 고루 포함되어 있어야 한다.

그 밖에 구체적으로 항염증 식이 요법을 살펴보면 다음의 〈표 2〉와 같다(와일, 2007: 357).

<표 2> 항염증 식이 요법

영양소	내용
탄수화물	· 하루 2000칼로리 식단의 경우 성인 여성은 하루에 160~200그램의 탄수화물을 먹어야 하고, 성인 남성은 하루에 240~300그램의 탄수화물을 섭취해야 한다. · 탄수화물 식품은 정제 가공이 덜 되어 있으며 혈당 부하가 낮은 것이 좋다. 〈참고〉 · 고혈당 부하 식품 빵, 감자, 파스타 등 흰색 탄수화물 식품, 케이크, 사탕, 과자류, 땅콩, 파이, 피자, 도넛, 마가린 등 · 저혈당 부하 식품 닭고기, 쇠고기, 고등어, 연어, 아스파라거스, 브로콜리, 당근, 고구마, 토마토, 검은콩, 복숭아, 딸기, 바나나, 치즈, 우유, 현미, 통밀빵 등
지방	· 밀가루와 설탕이 주성분인 식품, 특히 빵과 과자는 섭취를 줄인다. · 통밀, 밀가루 제품이 아닌 전곡류, 콩, 서양 호박, 고구마의 섭취를 늘린다. · 하루 2,000칼로리 식단의 경우 600칼로리는 지방에서 섭취한다. 이때 포화 지방과 단일 불포화 지방, 다가 불포화 지방의 비율은 1대 2대 1로 한다. · 버터, 크림, 치즈 등 전체가 지방으로 된 지방 제품, 껍질을 제거하지 않은 닭고기, 지방이 많은 육류 등을 덜 먹어 포화 지방의 섭취를 줄인다.

단백질	· 하루 2,000칼로리 식단의 경우 단백질 섭취량은 80~120그램이 적당하다. 간 질환, 신장 질환, 알레르기, 자가 면역 질환이 있는 사람은 단백질 섭취량을 줄인다. · 어류와 저지방 유제품을 제외한 다른 동물성 단백질 섭취를 줄인다. · 식물성 단백질, 특히 모든 콩류를 즐긴다.
섬유질	· 하루 40그램 정도의 섬유질을 섭취하도록 노력한다. 과일 특히 딸기류와 채소, 전곡류의 섭취량을 늘리면 그렇게 할 수 있다.
식물성 활성물질	· 심혈관 질환, 암, 퇴행성 신경 질환 등 노화 관련 질환 및 환경 독성에서 자연적인 방법으로 최대한 보호받기 위해 과일, 채소, 버섯을 다양하게 섭취한다. · 가능하면 유기농 식품을 선택한다. 농약 잔류량이 많은 재래 작물의 종류는 피한다. · 양배추 종류 채소를 규칙적으로 섭취한다. · 콩 식품을 식생활에 포함시킨다. · 커피 대신 품질 좋은 차를 마신다. · 술을 마시려면 적포도주가 좋다. · 우유를 첨가하지 않은 다크초콜릿을 적당량 먹는다.
비타민과 미네랄	· 비타민, 미네랄, 미량 영양소의 일일 권장량을 섭취하는 최선의 방법은 신선한 과일, 채소를 많이 먹는 것이다. · 음식만으로 필요한 영양분을 충분히 채울 수 없을 때에는 비타민이 함유된 영양 보조제를 이용한다.
물	· 6~8잔의 정수된 물이나 수분이 많은 음료를 마신다. · 수돗물에서 염소나 다른 오염 물질 맛이 나거나 거주지의 수도가 오염되었을 가능성이 있는 경우는 생수를 사서 마시거나 정수기를 이용해야 한다.

ⓒ 오메가 3

오메가 3 지방산은 신경 세포막과 망막에 분포하며, 인체 안에서 세포를 보호하고 세포의 구조를 유지시키며, 원활한 신진대사를 돕는다. 또한 혈액의 피막 형성을 억제하고 뼈의 형성을 촉진시키는 동시에 강화하는 효과가 있다. 종류에는 DHA로 알려진 도코사헥사에노산(docosahexaenoic acid), EPA로 알려진 에이코사펜타에노산(Eicosapentaenoeic acid)이 있다.

오메가 3(Omega-3) 지방산은 신체적인 성장과 발달, 건강한 노화에 반드시 필요하지만 체내에서 합성이 되지 않아 외부로부터 섭취해야 하는 필수지방산(EFAs)이다. 오메가 3 지방산이 풍부한 음식으로는 다음과 같은 것들이 있다.

– 연어, 정어리, 고등어, 청어, 참치, 전갱이 등의 등 푸른 생선

– 카놀라유, 아마씨유, 대마씨유, 콩기름, 호두유

– 호두, 아마씨, 호박씨

– 콩과 두부

– 녹색 채소

– 오메가 3 강화 계란

지방산(Fatty Acid)이란?

인체 내 지방산은 뇌 조직, 신경 조직 등의 세포막의 구성 성분이고, 주요 장기들의 보호막이며, 각종 생리 활성 물질로 전환되어 생리 현상의 유지와 조절에 관한 중요한 기능을 담당하고 있다. 이러한 지방산은 탄소 원자가 사슬처럼 길게 연결된 끝부분에 카르복실산이 붙어 있는 분자 구조를 하고 있고, 이 탄소사슬에 수소가 많이 붙어 있으면 포화(고체) 상태이고, 탄소사슬의 이중 결합으로 수소가 적게 붙어 있어 있으면 불포화(액체) 상태로 존재하게 된다. 그 유형으로는 트랜스 지방산(마가린, 쇼트닝), 포화 지방산(동물성 지방, 버터, 야자유), 불포화 지방산으로 크게 구분되며, 불포화 지방산은 다시 단일 불포화 지방(올리브유, 카놀라유 등)과 고도 불포화 지방(등 푸른 생선, 달맞이유 등)으로 구분된다.

고도 불포화 지방산에 속하는 오메가 3(Omega-3) 지방산은 신체적인 성장과 발달에 반드시 필요하지만 체내에서 합성이 되지 않아 외부로부터 섭취해야 하는 필수지방산(EFAs)으로서, 주로 등 푸른 생선이나 연어, 식물성 기름 등에서 추출되며, 특히 생체 및 생리 활성 작용을 하는 DHA와 혈소판의 응집을 막아 심혈관계 질환을 예방하는 EPA가 다량 함유되어 있다.

② 토론

• 토론 주제: 식품 섭취도 파악/개인별 식습관 문제점 및 개선책

㉠ 식품 섭취도 파악

🖊 어제 드신 음식들을 한 번 회상해 볼까요? 식사하실 때 드신 음식과 간식, 음료 등도 같이 한 번 떠올려 보시기 바랍니다.

● **진행자 유의 사항**

– 섭취된 모든 음식과 음료수, 간식 등을 회상하도록 자극한다.

– 본 토론의 목적은 참여자들 스스로 자신이 전반적으로 과다하게 섭취하는 영양소와 부족하게 섭취하는 영양소를 파악할 수 있도록 돕는 것이다.

– 참여자들이 흐름을 이해할 수 있도록 아래의 두 가지 방법 중 하나를 택해 실시한다.

    ⓐ 〈참고 자료 3회기-1〉에 제시된 바와 같은 표를 전지에 그려 칠판에 붙인 후 해당 칸에 동그라미를 해서 전반적으로 과다한 영양소와 부족한 영양소를 파악한다.

    ⓑ 색깔 스티커를 준비한 후 영양소별로 스티커의 색깔을 지정한다. 〈참고 자료 3회기-2〉에 제시된 표 안에 섭취한 음식에 해당하는 색깔 스티커를 붙여 과다한 영양소와 부족한 영양소를 파악한다.

– 〈참고 자료 3회기-3〉의 음식 피라미드를 참조한다.

〈참고 자료 3회기-1〉 식품 섭취도(해당 칸에 동그라미)

	음식명	탄수화물	지방	단백질	식이섬유	수분	비타민	무기질
아침	밥 콩나물국							
점심								
저녁								
간식								
음료								

(색깔 스티커 이용: 예를 들어 탄수화물은 빨강, 지방은 파랑, 단백질은 노랑, 식이섬유는 보라, 수분은 주황, 비타민은 초록, 무기질은 분홍)

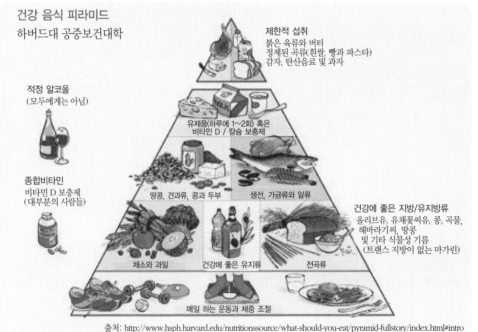

건강 음식 피라미드
하버드대 공중보건대학

제한적 섭취
붉은 육류와 버터
정제된 곡류(흰쌀, 빵과 파스타)
감자, 탄산음료 및 과자

적정 알코올
(모두에게는 아님)

유제품(하루에 1~2회) 혹은
비타민 D / 칼슘 보충제

종합비타민
비타민 D 보충제
(대부분의 사람들)

땅콩, 견과류, 콩과 두부

생선, 가금류와 알류

건강에 좋은 지방/유지방류
올리브유, 유채꽃씨유, 콩, 곡물,
해바라기씨, 땅콩
및 기타 식물성 기름
(트랜스 지방이 없는 마가린)

채소와 과일

건강에 좋은 유지류

전곡류

매일 하는 운동과 체중 조절

출처: http://www.hsph.harvard.edu/nutritionssource/what-should-you-eat/pyramid-fullstory/index.html#intro

위의 그림은 미국 '하버드대학공중보건(Harvard School of Public Health)' 팀의 연구진들이 제시한 연구 결과이다. 이들은 미국 정부(USDA)가 지난 1992년 처음 제정하여 약간의 수정을 가하면서 5년마다 갱신하여 배포하고 있는 '음식 피라미드'의 문제점들을 수정하여 '건강에 좋은 음식 피라미드(Healthy Food Pyramids)'라는 새로운 모델을 제시하였다.

탄수화물, 단백질, 지방 각각의 섭취를 돕기 위해 제안된 음식들은 의학적으로 사실상 서로 질이 다른 것들이 존재하기 때문에 유익한 음식은 많이, 그렇지 않은 것은 적게 섭취할 수 있도록 음식 피라미드를 재구성할 필요가 있다는 것이 이 모델의 주장이다.

실제로 이들이 남성 3만 8천여 명, 여성 6만 7천여 명의 총 10만 명이 넘는 사람들을 대상으로 10여 년 동안 추적 연구한 결과를 보면 기존 음식 피라미드 내용에 가까운 식생활을 영위한 군에서는 권고 지침을 따르지 않는 사람들에 비해 심혈관 질환, 암 그리고 만성 질환에 걸릴 위험이 남성의 경우 11%, 여성의 경우 3% 정도 감소되는 것으로 나타났다. 반면, 새로운 하버드식 음식 피라미드에 가까운 식생활을 영위한 군은 만성 질환의 발생 위험률이 남성의 경우 20%, 여성의 경우 11% 정도 감소하였고 심혈관 질환 발생 위험률은 남성의 경우 40%, 여성의 경우 30% 정도나 감소한 것으로 나타났다. 하버드식 음식 피라미드가 훨씬 바람직한 결과를 가져온 것이다.

많은 이들이 음식은 골고루 먹어야 한다는 말을 상식적으로 알고 있지만 위와 같은 연구 결과에 비춰봤을 때 이제는 보다 구체적으로 어떤 음식군을 어느 정도로 균형 있게 섭취해야 건강에 도움이 되는지 정확한 가이드라인을 의식하며 식습관을 만들어 나가는 것이 필요한 시점이다.

하버드 연구에서 제안한 음식 피라미드를 보면 음식과는 별도로 종합 비타민제를 매일 섭취할 것이 특징적으로 명시되고 있다. 비타민과 미네랄은 음식을 통해 섭취하는 것만으로도 충분하다는 기존의 일부 주장들이 무색하도록 종합 비타민 보조제의 매일 섭취를 못 박아 둔 이유는 주의 깊게 식단을 구성하여 섭취하는 사람인 경우라 해도 "발생할 가능성이 있는 영양소 부족분을 보조제를 통해 안정적으로 공급받는 것이 그렇게 하지 않는 것보다 현실적, 경험적으로 더 바람직하다"고 인정했기 때문이다.

ⓛ 개인별 식습관의 문제점 및 개선책

🎤 개인별 식습관에 무슨 문제가 있다고 생각하십니까?

　　예: 규칙적으로 식사를 하지 않는다, 즐겁게 먹지 않는다, 물을 마시지 않는다 등

🎤 식습관을 개선할 수 있는 부분은 무엇인지 찾아볼까요?

　　〈참고 자료 3회기-4〉 참조

　　예: 즐겁게 먹기 위해 함께 과일을 먹을 사람을 찾는다거나 규칙적으로 먹을 것을 계획한다거나 등

● **진행자 유의 사항**

- 적절한 예를 통해 사고를 자극할 수 있도록 돕는다.
- 참여자들이 토론의 흐름을 이해할 수 있도록 〈참고 자료 3회기-4〉의 예에서 보여 주는 바와 같은 표를 마련하여 예를 들어 준다. 단, 참여자 매뉴얼에는 빈 칸이 제시되므로 참여자들이 충분히 자신의 생각을 정리할 수 있도록 자극한다.
- 참여자들의 의견을 우선적으로 정리한 후, 〈참고 자료 3회기-4〉를 참조하여 식습관 개선 방법을 생각해 본다.

〈참고 자료 3회기-4〉 식습관 문제점, 개선 방법 정리 표

(참여자 매뉴얼에는 빈 칸을 제시해 직접 작성하도록 함.)

개인별 식습관 문제점	개선 방법
· 아침을 먹지 않는다. · 물을 마시지 않는다. · 식사를 규칙적으로 하지 않는다. · 식사를 즐겁게 하지 않는다. · 커피를 많이 마신다.	· 육류, 동물성 지방, 소금과 설탕의 섭취량을 줄인다. · 신선한 과일과 채소를 더 많이 먹는다. · 견과류와 씨앗을 더 많이 먹는다. · 카페인, 알코올, 단맛이 나는 음료의 섭취를 줄인다. · 물은 하루에 6~8잔 마시고 허브 차와 신선한 과일 주스를 더 많이 마신다. · 가능하면 유기농 식품을 먹는다. · 비타민 및 오메가 3 보조제를 섭취한다.

출처: 호가드, 리즈(2006). 『행복』(이경아 역). 서울: 예담. p.251.

> 음식을 섭취하는 것은 즐거움이다. 또한 사람들과 함께 음식을 먹는 것은 사교 행위이다. 단순히 음식을 먹는 행위에 그치는 것이 아닌 리듬과 패턴을 갖춘 대화라고 할 수 있다. 사람들과 함께 식사를 하는 것은 맛을 음미하는 과정이라고 생각해야 한다.
>
> 출처: 호가드, 리즈(2006). 『행복』(이경아 역). 서울: 예담. p.244.

③ **활동**

• 활동 주제: 호두 음미하기/건강 식단 짜기

㉠ 호두 음미하기

● **진행자 유의 사항**

– 참여자 집단 배경과 수업 재료 준비 등의 상황에 따라 호두 이외에도 건포도, 잣 등을 이용할 수 있다.

– 호두 음미하기를 실제로 따라 해 보면 전혀 다른 감각을 느낄 수 있음을 참여자들에게 주지시키면서 참여자들이 진지하게 명상에 임할 수 있도록 유도한다.

– 명상을 수행한 후 느낀 점에 대한 질문을 던지고 이에 대해 참여자들이 함께 이야기할 수 있도록 한다. 예를 들어, "실제 호두 음미하기를 수행하면서 어떠한 감각을 새롭게 경험하였습니까?", "호두 음미하기를 수행하면서 흘려보낸 생각이나 감각이 있습니까?"

– 자기 몸 안에서 일어나는 여러 감각을 비판 없이 있는 그대로 관찰하면 고통이나 우울까지 객관적으로 관찰할 수 있게 됨을 강조한다.

ⓐ 호두 음미하기의 목적

호두 음미하기는 마음챙김 명상의 방법으로 본 수업에서 선택한 방법이다. 마음챙김 명상의 목적은 무심코 아무 생각 없이 하던 행동을 꼼꼼히 따라가 보면서 지금, 자신의 마음을 알아차리는 것이다. 즉, 마음챙김은 순간순간 자신의 마음이 어디 있는가를 알아차리는 것이라고 할 수 있다. 즉, 지금 현재 일어나고 있는 감각, 느낌, 생각들을 의식하며 몸과 마음을 바로 여기에 모으는 것이다.

호두 음미하기는 호두로 마음을 모으는 것이다. 이는 불가에서 행하는 참선처럼 수행하되 호두 대신 눈에 보이고 냄새가 나고 맛도 느낄 수 있는 호두를 이용하는 것이다. 우리 감각의 실체를, 깨어 있는 마음을 좇아가기 위한 가장 간단한 훈련이라고 할 수 있다. 추상이 아닌 호두라는 실체, 오감을 동원할 수 있는 대상이 눈앞에 있기 때문에 마음의 움직임을 따라가기가 비교적 수월하다.

이렇게 천천히 보고, 듣고, 촉감을 느끼고, 냄새 맡고, 맛보면서 마음을 찬찬히 살피면 우리 마음에도 근육이 생길 수 있다. 즉, 마음의 행로를 샅샅이 지켜보는 마음챙김 명상을 거듭하면 마음 근력 전반이 강화될 것이다. 호두를 관찰하는 것과 똑같은 방식으로 가만히 제 마음에 이는 통증이나 파장을 살펴보면서 물 위에 띄워 보내듯 생각을 흘려보내고 앉아 있으면 굳이 거기서 회피하거나 도피할 필요가 없어진다. 도피나 회피하려는 심리가 바로 통증과 불안과 우울을 만들어 내는 원인이기 때문이다.

· 마음챙김은 의도적으로 주의를 집중하되 판단하지는 않는 것이다.

· 마음챙김은 내부의 진행 과정과 외부의 환경 모두를 포함한다.

· 마음챙김은 정신적, 정서적, 신체적 차원에서의 매 순간을 인식하는 것이다.

· 마음챙김은 균형, 선택, 지혜, 수용을 증진시킨다.

ⓑ 호두 음미하기의 방법

호두 음미하기의 방법을 소개하면 다음의 〈참고 자료 3회기-5〉와 같다.

〈참고 자료 3회기-5〉 호두 음미하기 방법

1. 호두를 손바닥에 올리고 들여다본다.

   이게 뭔가? 전에 한 번도 본 적 없었던 것처럼 호두를 들여다본다. 모든 감각을 총동원한다. 마음속에 틀림없이 다른 생각이 끼어들겠지만 그걸 밀치고 계속 호두만 본다.

2. 호두를 손가락으로 들어 올려 촉감을 느껴 본다.

   뒤집어도 보고 불빛에 비쳐도 본다. 불빛이 호두를 통과하는지도 살핀다. 손가락을 움직여 계속 호두의 촉감을 느낀다. 자기 마음속에 지루하거나 시시하거나 조급한 생각이 드는지 살펴본다. 다른 생각이 끼어들어도 실수하거나 잘못한 것이 아니다. 마음을 호두에 다시 모으면 된다.

3. 호두를 귀에 갖다 대본다.

   손가락으로 비비면서 소리가 들리는지 들어 본다. 마음속에 잡다한 생각이 떠오르거든 천천히 그 생각을 내려놓고 다시 호두 쪽으로 의식을 집중한다.

4. 호두를 코 가까이 대본다. 냄새를 맡아 본다.

   냄새가 어떻게 자신 안에 들어오는지를 살핀다.

5. 호두를 입 앞으로 가져온다.

   입에 넣지는 말고 입안에서 어떤 반응이 일어나는지를 지켜본다. 침이 고인다면 어디에서 가장 많이 고이는지를 느낀다. 혀가 움직이는지도 관찰한다. 가능한 한 주의 깊게 입속에서 일어나는 일을 살핀다.

6. 입을 열고 입속에 호두를 넣는다.

   그 다음 어떤 일이 일어나는지 마음을 챙겨본다. 씹기 직전의 호두의 느낌, 입 속에서 일어나는 변화, 혀끝에 닿는 호두의 감촉, 침과 혀의 반응에 마음을 집중한다. 어떤 생각이나 판단이나 이야기가 떠오른다면 관대하게 그것을 그냥 놓아 보내준다. 오직 자신의 입 안, 호두 주위에서 펼쳐지는 일에만 감각을 집중하여 계속 마음을 챙겨 본다.

7. 호두를 서서히 씹어 삼킨다.

처음 깨무는 순간을 느낀다. 맛을 본다. 달콤한지, 새콤한지, 부드러운지, 딱딱한지, 쫄깃한지, 입안의 어떤 부분에서 맛이 가장 강하게 느껴지는지를 집중해서 살펴본다. 되도록 천천히 씹으면서 호두의 모든 것을 느껴본다. 이후 삼키면 어떤지, 삼킨 뒤에도 맛이 남아 있는지 지금 이곳에 존재하는 모든 감각을 총동원하여 호두에 집중한다.

8. 반복하여 몇 개의 호두를 그런 식으로 집중하여 마음을 챙겨가며 천천히 씹어 먹는다.

출처: retrived 06/11/08 from

http://210.115.150.1/docs/magazine/shin/2006/03/13/200603130500035/200603130500035_1.html

---

마음챙김 명상 수련의 기본 태도

· 판단하려 하지 말라.
· 인내심을 가져라.
· 처음 시작할 때의 마음을 간직하라.
· 믿음을 가져라.
· 지나치게 애쓰지 말라.
· 수용하라.
· 내려놓아라.

출처: 카밧진, 존(2005). 『마음챙김 명상과 자기 치유』(장현갑 역). 서울: 학지사.

ⓒ 건강 식단 짜기

● **진행자 유의 사항**

– 참여자들이 〈참고 자료 3회기-6〉을 참조하여 식단을 작성해 볼 수 있도록 돕는다.

– 영양학적으로 완전한 건강 식단이 되지 못하더라도 골고루 다양한 영양소를 섭취할 수 있는 균형 잡힌 식단을 작성해 보는 것에 목표를 둔다.

– 참여자들이 일상생활에서의 식사 시 균형 잡힌 식단을 선택하는 것의 중요성을 인식하도록 한다.
– 건강 식단의 예와 참여자들이 작성한 식단을 코팅해서 참여자들에게 나누어 줌으로써 참여자들이
  각 가정의 부엌에 붙여놓고 실제로 이를 행할 수 있도록 돕는다.

〈참고 자료 3회기-6〉 식단 작성 표

	월	화	수	목	금	토	일
아침							
점심							
저녁							

(3) 정리

① 수업 정리

이번 시간에는 몸의 두 번째 시간으로 영양의 중요성에 대해 살펴보았습니다. 올바른
영양 섭취는 평생의 과업입니다. 또한 호두 음미하기에서와 같이 자신의 마음이나 몸의
움직임 하나하나를 지켜보는 각성 훈련은 우리를 변화시킬 수 있습니다.

② 과제

오늘 수업 이후 드시는 모든 음식에 대한 음식 일지를 쓰시는 것이 과제입니다. 〈참고

자료 3회기-7〉를 참조하시어 하루 중 먹고 마신 음식을 잘 기록해 보시기 바랍니다. 또한 음식을 섭취했을 때의 기분, 몸의 반응도 함께 관찰해 보시기 바랍니다.

〈참고 자료 3회기-7〉 음식 일지

	월	화	수	목	금	토	일
아침							
점심							
저녁							
간식							
음료							
기분							
몸의 반응							
기타							

③ 4회기 수업 안내

다음 시간에는 몸의 세 번째 시간으로 휴식과 여가에 초점을 두어 수업이 진행될 것입니다. 즉, 휴식의 중요성 및 수면 위생, 여가 선용 및 자기를 아끼는 방법에 대해 함께 생각해 보도록 할 것입니다.

칼로리 계산기

http://channel.patzzi.joins.com/channel/diet/dietplan/new_dietdiary/calckal.asp?del_mode=del&mode=s&foodnamehttp://blog.naver.com/dbgkswhd11?Redirect=Log&logNo=40051668008 (프로그램 다운로드 받을 수 있음)

■ 사전 준비
· 이 회기는 영양학을 전공한 전문가가 직접 진행하는 것을 권한다.
· 노인을 대상으로 하는 프로그램이므로 교육 효과를 위해 시청각 자료를 적극 활용하는 것
  이 좋다.
· 참여자의 질문이 많은 회기이므로 별도의 질의 응답 시간을 둘 것을 권한다.
· 강의 내용에 영양뿐 아니라 노인을 위한 간편한 식품 조리법을 포함하는 것도 좋다.

■ 도입
· 간단한 인사를 하며 주위를 환기한다.
· 수업 주제에 대한 이해를 향상시키기 위해 식습관이나 좋아하는 음식에 대한 이야기를 꺼
  내 자연스럽게 집중을 유도하는 것이 좋다.

■ 전개
· 호두 음미하기의 목적을 해치지 않는 선에서 호두 외의 음식을 활용할 수 있다.
  (예: 우유, 두유 등)

■ 정리
· 특정 영양소나 식품을 과도하게 섭취하지 않도록 유의하여 수업하도록 한다.(예: 과도한 비
  타민 A를 섭취할 경우 탈모가 일어날 수 있다. 비타민도 개인의 신체 조건에 따라 섭취량이
  나 조건이 다르기 때문에 비타민제를 이용한 섭취보다는 음식으로 섭취하는 것이 중요하다.)

4회기 몸-휴식과 여가

4회기 수업 개요

회기	4			
수업명	몸-휴식과 여가			
수업 목표	노인들이 적절한 휴식의 중요성을 인식하고 적극적으로 여가를 활용하기 위한 계획을 세울 수 있다.			
일시/장소	○○○사회복지관			
담당자	○○○			
단계	내용(교수 학습 활동)	방법	매체 및 준비물	시간
도입	· 과제 확인 · 동기 유발 질문 · 4회기 수업 개요 설명			5분
전개	· 휴식의 중요성 · 수면 위생	강의	매뉴얼	20분
	· 술과 알코올의 영향 · 자신을 아끼는 방법	토론	필기도구, 매뉴얼	25분
	휴식			10분
	· 이완 실습 요가(수면 요가)	활동	요가 매트	45분
정리	· 수업에 대한 정리 · 과제: 수면 일지 쓰기 · 5회기 수업 안내			5분

(1) 도입

① 과제 확인

– 영양 수업에서 부과된 '음식 일지' 과제를 확인한다. 음식 일지를 쓰는 활동으로 인해 식습관에 변화가 생겼는지를 확인한다.

② 동기 유발 질문

🎤 어르신들께서는 어떤 방법으로 휴식을 하시나요?

예: 욕조에 몸을 담근다거나, 낮잠을 잔다거나, 가만히 하늘을 바라본다거나…

③ 수업의 개요 제시

🎤 오늘 수업은 휴식에 대한 것으로 휴식의 중요성, 휴식을 위한 수면과 여가에 대해 생각해 보고, 자신을 아끼는 방법에 대해 이야기한 후, 휴식을 위한 요가를 수행하도록 하겠습니다.

● **진행자 유의 사항**
– 질문을 던짐으로써 참여자들의 수업 시작 동기를 유발해야 하므로 편안하면서 사고를 자극할 수 있는 분위기를 조성한다.

(2) 전개

① 강의

㉠ 휴식의 중요성

신체 활동의 균형을 이루고 정신을 재충전하기 위해서 몸은 휴식을 요구한다. 휴식의 본질은 아무 일도 하지 않는 것이다. 다시 말해서 몸과 마음이 수동적으로 가만히 있는 것이다. 약간의 시간 동안 아무 일도 하지 않는 것은 최상의 건강을 유지하고 건강한 노화를 가져오는 데 꼭 필요하다. 그러나 우리 사회 속에서 휴식을 찾는 것은 쉽지 않다. 버스, 지하철 등 대중교통 수단을 이용할 때에도 광고 등의 자극에 노출되어 있고, 공공 대기실 등에서도 뉴스 등을 피하기 어렵다.

앞서 살펴본 올바른 생활 체육 및 영양 이외에도 적절한 휴식과 수면은 노인에게 있어 그 어떠한 보약보다도 중요하다고 할 수 있다.

㉡ 수면 위생

노화와 더불어 많은 사람들은 수면에 있어서 변화를 경험한다. 수면 전문가들에 의하면 나이가 들면서 일찍 잠들고 새벽에 깨어나는 변화가 나타나게 되는데 이러한 변화는 '수면 주기 전진'이라고 일컬어진다.

노화와 더불어 수면의 질도 변화한다. 즉, 숙면을 취하는 횟수가 줄고 잠이 깬 후에는 다시 잠들기가 어려워진다.

수면에는 몇 가지 단계가 있다. 잠에 빠져들며 가벼운 잠을 자는 처음 약 10분을 1단계라고 한다. 더 깊이 잠에 빠져드는 2단계는 약 20분간 지속된다. 3단계와 4단계는 숙면을 취하는 단계이다. 숙면은 신체와 뇌가 낮 시간으로부터 회복하기 위해 반드시 필요하다. 이 시간에는 꿈을 꾸지 않는다. 숙면을 취한 지 약 90분이 지나면 급속 안구 운동(REM)이 나타난다. 이 단계에서 사람은 완전히 잠에 빠져든 것 같지만 뇌는 활발하게 활동하고 있다. 바깥세상이 아닌 뇌 속에서 자극의 폭력을 받고 있는 상태이기 때문이다.

정상적으로 수면을 취하는 밤 시간 동안 사람은 잠의 여러 단계를 몇 번이나 반복한다. 이 패턴이 깨지면 문제가 발생한다. 자고 일어나도 몸이 개운하지 않은 것이다. 이런 상황이 반복되면 신체의 잠재적인 치유력도 영향을 받게 된다.

수면 부족은 다양한 건강 문제를 일으킨다. 수면 시간과 건강 간의 관계를 조사한 많은 연구 결과에 의하면 적정 수면 시간을 지키지 못하면 사망률과 질병 발생률이 높아지는 것으로 밝혀졌다. 특히 수면 부족은 혈당 조절 기능을 떨어뜨려 당뇨병 발생 위험을 높이고, 교감 신경과 부교감 신경의 불균형을 초래함으로써 혈압을 높이며, 비만을 유발하고, 우울증을 유발한다는 결과들이 보고되었다.

수면 건강을 위해 지켜야 할 생활 습관을 수면 위생이라고 하는데, 이러한 수면 위생을 위해서는 다음의 방법들이 추천된다.

〈참고 자료 4회기-1〉 수면 위생을 위한 방법

· 낮에는 외부의 자연광을 받도록 외출을 한다.

낮에 얼마나 빛에 노출되어 있었는지가 수면과 기상 주기에 중요한 영향을 미치므로 흐린 날에도 외부의 자연광을 받는 것이 좋다.

· 이른 저녁 시간을 누군가와 함께 보낸다.

저녁 시간을 홀로 보내면 시간의 신호가 제대로 전달되지 않기 때문에 교제 시간을 저녁에 잡아 사교 활동을 즐긴 후 수면에 들도록 한다.

· 일정한 시간에 자고 일정한 시간에 일어나도록 한다.

피치 못할 사정으로 늦게 잠이 들었어도 일정한 시간에 기상하는 게 좋다. 낮에는 적당한 피로를 느낄 수 있도록 활발히 움직인다. 낮에 정신이 깨어 있을수록 밤에 숙면할 수 있으므로 밤과 낮의 차이를 유지하는 것이 바람직하다. 일정한 수면 시간표를 유지하면 몸이 규칙적인 수면에 익숙해지는 데 도움이 된다.

· 수면 환경을 개선해 본다.

침실은 조용하고 서늘하게, 안락하고 깨끗하게 만들어야 한다. 또한 침실은 잘 때만 사용하고, 침실에서 전화를 하거나 음식을 먹는 것을 피해야 한다. 직업상 야간에 일을 하고 낮에 잠을 자야 하는 경우, 빛이 들지 않는 두터운 커튼을 방에 설치하거나 수면용 안대를 사용해야 한다.

· 잠자리에 들 시간에 늘 같은 일을 반복해서 해 본다.

예를 들어 자기 전에 항상 따뜻한 물에 샤워를 한다든지 조용한 음악을 듣는다. 이러한 습관이 몸에 배게 되면 자연스럽게 수면으로 이어지게 된다.

· 허기가 지거나 너무 배가 부르지 않도록 한다.

저녁식사를 굶지 않도록 하되 취침 시간에 근접하여 너무 많은 양의 식사를 하는 것도 피한다. 취침 전에 따뜻한 우유 한 잔이 도움이 될 수 있다. 자기 전에 간식은 금물이다. 또한 되도록 물을 많이 마시지 말아야 한다. 소변 때문에 자다가 일어나게 되면 숙면에 방해가 된다.

· 잠이 오지 않을 때 억지로 누워 있지 말고 일어나 거실로 나온다.

20분간 온몸의 긴장을 풀고 충분히 이완하면서 앉아 있다가 다시 잠자리에 들도록 한다.

이상에서와 같이 휴식은 건강을 유지하는 데 신체 활동만큼이나 중요하다. 하루 중 낮 시간에는 잠깐의 생산적인 낮잠을 청하거나 혹은 잠시 허공을 바라보고 있는 등 수동적인 시간이 필요하며, 밤에 숙면을 취하는 것이 중요하지만 이른 새벽에 잠이 깰 경우에는 그 시간을 생산성 있게 쓰도록 노력하는 것이 좋다.

② 토론

• 토론 주제: 술, 담배, 커피의 영향/자신을 아끼는 방법—여가 활용

㉠ 술, 담배, 커피의 영향

✎ 술과 담배의 영향력은 연령 증가와 더불어 변화합니다. 어르신들 중에도 술, 담배 혹은 커피를 좋아하시는 분들 계시죠? 술, 담배, 커피와 관련해서 조금 더 젊으셨을 때에 비해 어떤 변화들을 직접 느끼시는지 한 번 이야기해 볼까요?

예를 들어 다음과 같은 내용들을 한 번 생각해 보도록 하세요.

· 과거에 비해 아침에 일어나서 담배를 피우는 경우의 신체적 영향
· 과거에 비해 술을 마신 다음날의 신체적 영향
· 과거에 비해 술을 마신 후의 감정적 영향
· 과거에 비해 커피를 마신 후의 신체적 혹은 감정적 영향

● **진행자 유의 사항**

– 연령 증가와 더불어 술, 담배, 커피가 더욱 해로울 수 있음을 참여자들이 직접 인식할 수 있도록 참여자들의 경험을 자극하는 동시에 〈참고 자료 4회기-2〉에 제시된 의학적 자료를 제공해 객관적으로 접근한다.
– 주변에서 금연 프로그램 등이 진행되는 곳이 있다면 관심 참여자들에게 소개해 줄 수 있도록 한다.
– 참여자들이 노화를 탓하는 부정적 감정 상태로 결론 내리지 않도록 주의한다.
– 스트레스 해소 등과 관련하여 이러한 술, 담배가 자주 이용되므로 다음 토론 주제인 여가 활용과 자연스럽게 연결하여 긍정적 방식으로 이를 해결할 수 있도록 유도한다.

〈참고 자료 4회기-2〉 연령 증가에 따른 알코올과 담배의 부정적 영향

· 알코올

연령 증가와 더불어 알코올의 섭취는 신체 수분을 더욱 감소시키고, 연령 증가와 더불어 알코올에 대한 민감성이 증가되며, 위장에서의 알코올의 신진대사가 감소된다.

· 흡연

흡연은 60세 이상 노인의 주요 사인 중 하나일 뿐만 아니라 심장병, 뇌졸중 등 뇌혈관 질환, 만성 폐쇄성 폐질환, 폐렴과 독감, 폐암, 대장암 등의 발병을 높인다.

ⓛ 자신을 아끼는 방법 — 여가 활용

원래 여가(leisure)란 그리스어로 평화, 평온, 자기 계발 등의 의미를 가지고 있는 스콜레(scole)에서 유래된 것이다. 즉, 그리스 시대에서의 여가란 자신의 영혼을 정화하는 시간이고 활동이면서 자기의 교양을 높이기 위한 적극적인 행위를 의미하였다. 따라서 여가는 긴장을 완화시키고 기분을 전환시키며 자기 발전적인 기능을 갖는다.

이에 여가는 자기 자신을 격려하고 아끼는 하나의 방법이라 할 수 있을 것이다.

🖋 이번 토론 시간에는 자신을 격려할 수 있는 일의 목록을 생각해 보도록 하겠습니다. 예를 들어 산책, 정원 가꾸기 등과 같은 여가 활동들이 있을 수 있겠죠?

● 진행자 유의 사항

– 참여자들로 하여금 참여자 매뉴얼에 제시된 표에 개인적 목록을 만들 수 있게 시간을 준 다음, 전체적으로 발표하는 형식을 갖는다.

– 진행자가 참여자들의 의견을 종합하여 〈참고 자료 4회기-3〉과 같은 표를 칠판에 공동으로 함께 만들어 보되, 다음의 표는 오로지 예시이므로 참여자들 스스로 개인적 목록을 제시하도록 자극한다.

<참고 자료 4회기-3> 여가 활동

(참여자 매뉴얼에는 빈 칸으로 제시하여 직접 작성하도록 한다.)

행하고 있거나 행해 본 활동들	해 보고 싶은 활동들
· 산책 · 정원 가꾸기, 화분 돌보기 · 음악 감상 · 영화 및 연극 관람 · 독서 · 여유를 가지고 아로마 요법 목욕 · 머리 손질과 마사지 · 컴퓨터, 영어 등 새로운 지식 학습 · 쉬거나 자거나 아무것도 하지 않는다.	· 체육관에서 운동 · 수영 · 감정을 글로 옮기거나 편지, 시 등을 쓰기 · 여행

● **참여자 유의 사항**

– 발표 후 이 중에서 한두 가지는 매주 꼭 실천하도록 한다.

– 진심으로 경험을 즐기는 것이 중요함을 인식한다.

– 자신의 환경과 취향을 고려한다.

– 다른 사람들의 여가 활용 방법을 자신도 한 번 시도해 본다.

– 자신을 아끼기 위한 방법들을 기록해서 자주 읽어 본다.

③ **활동**

• 활동 주제: 휴식과 관련한 이완 실습 요가 배우기

● **진행자 유의 사항**

– 요가 매트를 준비하고 참여자들이 편안한 자세로 요가를 시작할 수 있도록 부드러운 분위기를 만든다.

– 참여자들이 마음을 안정시키고 편안함을 유지할 수 있도록 2회기에서의 <참고 자료 2회기-3>을 참조하여 지도한다.

○ 수면에 좋은 자세

ⓐ 여왕 자세

긴장을 풀어 주어 숙면에 도움을 주며 고혈압, 스트레스, 피로 회복, 위염 등에 효과가
있다.

자세 실기

ㄱ. 반듯하게 눕는다. 두 다리를 기분 좋을 정도로 벌리고 팔은 옆구리에서 30~40cm 떨어진 곳
에다 손바닥을 위로 향하게 하여 가볍게 놓는다. 살며시 눈을 감고 단전에 기운을 느끼면서
호흡을 한다.

ㄴ. 전신의 힘을 차례로 빼 나간다. 먼저, 목을 좌우로 천천히 10회 정도 움직이면 긴장이 풀린다.
불면증인 사람은 이것을 몇 회 계속한다.

ㄷ. 오른발의 발가락, 발목, 무릎, 허벅지 그리고 왼발도 같은 순서대로 힘을 빼 나간다. 팔은 오
른손의 손가락, 손목, 팔꿈치, 어깨 그리고 왼팔도 같은 순서대로 힘을 빼 나간다.

ㄹ. 얼굴도 긴장을 풀고, 미소를 띠운다.

ㅁ. 호흡은 천천히 조용하게 배꼽을 아래쪽까지 느긋하게 부풀리며 코로 숨을 들이마시고, 내쉴
때는 등의 힘을 빼는 기분으로 호흡을 한다. 이때 척추와 허리의 힘이 쑤욱 빠지면서 몸이 뜨
는 듯한 느낌을 가지면 가장 좋다. 호흡이 편안해진 다음, 아름다운 경치를 떠올리면 잡념이
없어진다. 이 자세는 시간의 제한이 없으므로 언제든지 하루에 몇 번씩 해도 좋다.

ⓑ 길상 자세

불면증뿐 아니라 변비, 당뇨병, 방광염, 식욕 부진, 성감 증대 등 신체 전반적인 기능을
좋게 해 준다.

자세 실기

ㄱ. 앉은 자세에서 양 발바닥을 붙이고 양 손으로 발목을 잡아 발뒤꿈치를 안쪽으로 끌어당긴다.

ㄴ. 양 무릎 위에 손을 얹고 얼굴은 정면을 향한다. 숨을 내쉬면서 양 무릎을 바닥으로 누르고,
숨을 들이쉬면서 손의 힘을 빼고 무릎을 원 위치로 되돌아가게 한다. 몇 회 실시한다.

ㄷ. 다음으로 양 손으로 발을 잡고 숨을 들이쉬면서 천천히 상체를 뒤로 젖힌다. 다시 숨을 내쉬면서 상체를 앞으로 구부린다. 숨을 완전히 내쉰 뒤 1~2초 동안 멈춘다. 처음엔 가볍게 몇 회 실시한 후 머리가 바닥에 닿도록 2회 실시한다. 하지만, 절대 무리하지는 않는다. 목이나 어깨의 힘을 빼는 것이 중요하다.

ㄹ. 본 자세로 되돌아가서 척추를 좌우로 흔들어 준다.

ⓒ 발 풀기

내장 경혈이 많이 분포되어 있는 발을 자극하여 내장의 기능을 호전시킬 뿐 아니라 고혈압에도 좋으며 피곤을 풀어 준다.

자세 실기

ㄱ. 편안한 기분으로 발을 펴고 앉는다. 먼저 오른쪽 발을 왼쪽 허벅지 위에 얹고서 다섯 발가락을 손가락으로 하나씩 돌리면서 풀어 준다.

ㄴ. 그리고 오른쪽 발가락을 왼손으로 깍지를 낀다. 발가락을 단단히 잡은 채 엄지손가락으로 발바닥을 지압한다. 이때 오른손으로도 함께 지압하면 좋다.

ㄷ. 그 자세로 좌로 5번, 우로 5번씩 발목을 돌려 준다. 발을 바꾸어 똑같이 반복한다.

ⓛ 이완 자세(일어날 때)

ⓐ 허리 펴기

허리뼈의 삐뚤어짐을 고치고 요통에도 효과가 있으며 방광염 치료와 변비에도 좋다.

자세 실기

ㄱ. 편안하게 누운 자세에서 양 팔을 머리 위로 올린다.

ㄴ. 팔은 위로, 다리는 아래로 늘려주면서 숨을 내쉰다. 기분 좋을 정도로 반복 실시한다.

ㄷ. 그 다음, 다리를 허리 넓이만큼 벌린 채 골반의 어긋남을 치료한다는 기분으로 허리를 상하로 움직이다. 오른쪽과 왼쪽 다리를 교대로 늘려준다. 호흡은 늘릴 때 내쉰다.

ⓑ 코브라 자세

비장, 위장, 신장, 방광 경락 등의 자극에 유용하여 당뇨병, 만성 설사, 변비, 신장 결석, 기침, 기관지에도 효과가 있다.

자세 실기

ㄱ. 엎드려서 호흡을 조절한 다음 얼굴을 옆으로 돌린다. 손은 옆구리 옆에 펴놓고 두 다리는 발뒤꿈치를 바깥으로 하여 약간 벌려 놓고 전신의 힘을 뺀다.

ㄴ. 얼굴을 세우고 팔꿈치를 굽혀 양 손바닥을 어깨 아래 바닥에 붙인다. 두 다리를 모아 발뒤꿈치를 서로 붙인다. 이마를 바닥에 붙이고 숨을 들이마시면서 천천히 머리를 들어올린다. 턱을 앞으로 내밀고 머리를 가능한 뒤로 젖히고 목도 뒤로 젖힌다.

ㄷ. 충분히 척추를 접히고 나서 목을 충분히 늘리고 얼굴은 위로 향하고 눈을 힘껏 크게 뜬다. 이 자세에서 그대로 몇 초간 정지한다. 배꼽이 바닥에서 떨어지지 않도록 주의한다.

ㄹ. 천천히 숨을 내 쉬면서 본래의 자세로 돌아가 전신의 힘을 빼고 휴식을 취한다.

(3) 정리

① 수업 정리

이번 시간에는 몸의 세 번째 시간으로서 휴식의 중요성에 대해 살펴보았습니다. 적절한 휴식과 자신을 아끼는 차원에서의 여가 활용은 건강한 노화의 필수적 요소 중 하나입니다.

② 과제

오늘의 과제는 수면 일지를 써 보는 것입니다. 〈참고 자료 4회기-4〉를 참조하시어 잠자리에 드는 시간, 잠이 들기까지 얼마나 누워 있는지 등을 기록해 보시기 바랍니다.

<참고 자료 4회기-4> 수면 일지 쓰기

잠자리에 드는 시간	
잠이 들기까지 얼마나 누워 있는지	
밤에 얼마나 자주 깨는지	
밤에 잠이 깨면 다시 잠드는 데 얼마나 오래 걸리는지	
얼마나 깊이 자는지	
아침에 몇 시에 일어나는지	
기타	

③ 5회기 수업 안내

다음 시간에는 몸의 네 번째 시간으로 접촉과 성에 초점을 두어 수업이 진행될 것입니다.

■ 사전 준비

· 테이블 세팅을 원형으로 준비한다.
· 소극적인 참여자를 격려하고 칭찬하는 역할을 보조 진행자에게 부여한다.

■ 도입

· 요가 매트를 참여자들과 함께 세팅하고 요가를 시작하면 동작별 효과에 대해서 설명해 주도록 한다.
· 안부 인사나 시사 주제에 대해 공유함으로써 도입을 자연스럽게 유도한다.
· 지난 회기 요약 및 소감, 감사 일기에 대해 자발적인 발표를 유도한다.
· 본 수업에 대해 동기 유발 질문 및 주제 개요를 설명한다.

■ 전개

· 수면 위생 강의 중 참여자 대부분이 '수면 위생을 위한 방법'에 적극적인 관심을 보이므로 참여자 매뉴얼에 기입하는 것이 좋겠다.
· 수면 일지를 수업 시간에 작성하도록 하여 '숙면을 취하기 위한 방법'에 대해 참여자들이 서로 공유할 수 있도록 하였다.
· 토론 중 주제에서 벗어날 경우(예: 불면의 이유로 '남편의 코골이' 이야기에서 코골이 수술의 효과로 주제 전환) 강요하지 않으면서 부드러운 말투로 원 주제로 전환할 필요가 있다. "코골이 수술의 효과에 대해서는 쉬는 시간에 다시 이야기하구요, 불면의 이유로 남편의 코골이를 이야기하셨는데, 요즘도 그러시나요? 그럴 땐 어떻게 대처하세요?"라는 질문을 통해 원 주제로의 전환은 물론 문제 행동(불면)의 빈도와 해결을 위한 대처 방법에 대해 파악할 수 있다.
· 흡연자가 있을 경우, 참여자 매뉴얼의 니코틴 의존도 측정을 권유하도록 한다.
· 현재 여가 활동, 여가가 주는 이점, 앞으로 해 보고 싶은 여가 활동에 대해 발표한다.
· 이완 실습 요가(수면 요가)는 요가와 중복되므로 실시하지 않았다. 이와 같이 융통성 있는 진행이 필요하다.

■ 정리

· 강의 내용을 정리하고 토론 내용 중에 참여자들이 모두 공유하거나 인상 깊었던 주제를 강
  조하는 것도 좋다.

· 오늘의 소감, 감사 일기 과제를 부여한다.

5회기 몸-접촉과 성

5회기 수업 개요

회기	5			
수업명	몸-접촉과 성			
수업 목표	노인들의 성에 대한 고정관념이나 부정적 인식을 개선함으로써 삶에 대한 의욕을 고취시킬 수 있다.			
일시/장소	○○○사회복지관			
담당자	○○○			
단계	내용(교수 학습 활동)	방법	매체 및 준비물	시간
도입	· 과제 확인 · 동기 유발 질문 · 5회기 수업 개요 설명			5분
전개	노인과 성	강의	매뉴얼	20분
	· 노인 이성 교제의 어려움 및 개선책 · 비정상적인 노인 성 관계의 문제	토론	필기도구 매뉴얼 영상 자료	25분
	휴식			10분
	요가	활동	요가 매트	45분
정리	· 수업에 대한 정리 · 과제: 바람직한 부부 관계 혹은 이성 교제 사례 조사 · 6회기 수업 안내			5분

(1) 도입

① 과제 확인

– 휴식 수업에서 부과된 '수면 일지' 과제를 확인한다.

② 동기 유발 질문

🎤 "효자효부 백 명보다 악처 한 명이 낫다"는 말이 있죠? 왜 그럴까요? 그리고 어르신들께서는 노인의 이성 교제에 대해 어떻게 생각하십니까? 본인의 경우이든 혹은 주변 분들의 경우이든 말입니다.
예: 부러우시다거나 혹은 주책스러워 보인다거나…

③ 수업의 개요 제시

🎤 오늘 수업은 노인의 성에 대한 내용으로 노인의 성에 대한 부정적 인식에 대해 생각해 보고 노년기 이성 교제의 어려움과 개선책에 대해 이야기해 보도록 하겠습니다.

● **진행자 유의 사항**

질문을 던짐으로써 참여자들의 수업 시작 동기를 유발해야 하므로 편안하면서도 사고를 자극할 수 있는 분위기를 조성한다.

(2) 전개

① 강의

㉠ 노인과 성

노화와 더불어 인간의 생물학적인 기능은 서서히 퇴화되는 것이 자연스럽지만 성욕은 감소되는 여러 기능 중 가장 오랫동안 유지되는 특성이 있다. 특정 질병이 없이 건강이 양호한 상태에서 이성에 대한 관심과 협조를 아끼지 않는 파트너가 있다면 "성 생활에 정년은 없다"는 게 의학계의 전반적인 결론이다.

그러나 노인의 경우는 배우자의 사망, 노후의 이혼, 심신의 질병, 사회 문화적 편견, 경제적 의존 등의 이유로 인해 성 생활을 계속하거나 이성 교제 및 노혼의 기회를 제약받고 있다. 특히 전통적 유교관에 젖어온 우리 사회에서는 일반적으로 성을 터부시하는 경향이 있었으며 더욱이 노인의 성을 거론하는 것은 사회통념상 받아들이기 어려웠다. 이러한 사회적 관습과 도덕적 통념은 노인의 성 욕구를 엄폐하거나 방관 또는 자제하게 만들어 왔다.

성은 한 개인의 필수 요소이자 기본적인 권리이며, 인간의 근본적인 삶의 존재 방식이다. 즉, 성은 단순한 생리적 능력뿐 아니라 이성과의 친밀한 인간적 교류를 지향하는 욕구나 행동 등 광범위한 내용이 포함된다. 접촉은 최상의 건강에 반드시 필요한 기초 요건이다.

노후에 심리적 지지자인 배우자를 잃게 되는 경우, 외로움과 고독이 심화되면서 같은 세대의 노인에게 의지하고 싶은 욕구를 갖게 된다. 따라서 정서적, 정신적 동반자로서뿐 아니라 육체적 동반자로서 삶의 보람을 찾기 위해서는 노인의 성 생활과 관련한 이성 교제가 필요하게 된다.

의학의 발달 및 사회 분위기의 개방과 더불어 현재의 노년층들은 과거에 비해 육체적, 정신적으로 보다 건강한 생활을 영유하고 있으므로 노인의 성을 보다 객관적, 긍정적으로 다루는 것이 필요하다. 건강한 노화를 위해서는 개인적 노력 및 사회 제도적 지원을 통해 생활 주체로서 생활 영역의 하나인 성적인 욕구를 채울 수 있는 생활 관계망의 확보나 유지, 재구축이 필요하다.

② 토론

• 토론 주제: 노인 이성 교제의 어려움 및 개선책과 비정상적인 성 경험의 문제

㉠ 노인 이성 교제의 어려움

🖋 우리나라와 같은 전통적인 유교 문화에서는 노인의 성이나 이성 교제에 대해 언급하는 것이 터부시되어 왔습니다. 노인으로서 다른 이성과의 교제에 어떠한 제약 조건들이 있을까요?

예: 여성의 경우에는 사회적 편견, 자식과의 관계, 시댁과의 관계 등이 있고, 남성의 경우에는 자식

과의 관계, 경제적 문제 등이 있다.

· 사회적 편견: 노인이 성적인 욕구를 보이면 '망측하다', '엉큼하다', '주책없다', '추접하다' 등의 사회적 인식이 나타남. 특히 여성의 경우 일부종사의 통념이 큰 편견으로 작용함.

· 자식과의 관계: 재산 문제, 손자녀 양육 문제 등에 있어 자녀와 마찰이 있음.

● 진행자 유의 사항

– 참여자들이 주저하지 않고 토론에 임할 수 있도록 적절한 예를 제시해 주고 자연스러운 분위기를 조성해 준다.

– 〈참고 자료 5회기-1〉의 사례를 통해 처음 이야기를 끌어나간 후 각자 자신의 혹은 주변의 실제의 예를 통해 노인 이성 교제의 어려움 및 부부간의 성적 생활의 어려움을 이야기하도록 유도한다.

〈참고 자료 5회기-1〉 노인 이성 교제 및 성 생활 사례

• 사례 1

82세의 김 아무개 할아버지는 슬하에 2남 1녀를 두고 있다. 아내와 사별한 후 큰아들 집에서 함께 생활하고 있으며 가족과 관계가 좋다. 특히 큰며느리와의 관계가 딸만큼이나 좋으며, 자녀 및 손자녀들로부터 존경받는 할아버지이다.

김 할아버지는 친구의 소개로 만난 이 아무개 할머니와 교제를 하고 있는 중이다. 김 할아버지는 길을 가다 몰래 여자 친구에게 꽃다발을 선물하기도 하고, 아령을 하고 염색을 하는 등 부쩍 외모에 신경도 쓰며 인생의 새로운 재미와 설렘을 느끼고 있다. 그러나 자식들에게 들킬까봐 매우 불안해하고 있다.

• 사례 2

65세의 최 아무개 할머니는 슬하에 1남 1녀를 두고 있다. 남편과 사별하고 홀로 생활하면서 근처에 사는 외손자녀들을 돌보고 있는데, 혼자된 박 아무개 할아버지를 만나 사귀게 되었고 마음이 통해 결혼을 결심하게 되었다.

자식들에게 이미 이 문제를 꺼내자 아들은 "어머니가 좋으실 대로 하라"고 선뜻 동의했으나 맞벌이 하는 딸은 반대하고 있다.

• 사례 3

85세의 최 아무개 할아버지와 80세의 김 아무개 할머니 부부는 슬하에 3남 2녀를 두고 있으며

부부 금술이 좋은 편이다. 그러나 할아버지와 할머니는 각방을 사용하고 있으며 할머니는 주로 손자와 함께 손자 방에서 주무신다. 할아버지는 할머니와 부부 관계를 원하고 있으나 할머니는 자녀들이 보는데 주책으로 보인다고 생각하여 부부 관계를 거부하고 있다.

ⓛ 노인 이성 교제의 어려움의 해결책

✏️ 보다 건강한 성적 접촉 및 이성 교제를 위해서는 앞의 문제들을 어떻게 해결해야 하고 어떠한 점들을 우선 고려해야 할까요?

● **진행자 유의 사항**
– 우선 〈참고 자료 5회기-1〉의 사례들을 다시 한 번 떠올려 그러한 경우 어떻게 해결해 나가는 것이 바람직할지를 논의한다.
– 〈참고 자료 5회기-2〉를 참고하여 친밀한 접촉의 중요성을 강조한 후 문제 해결책들을 논의한다.
– 영상 자료 중 영화 〈죽어도 좋아〉 혹은 시사매거진 2580 〈죽어도 좋아-노인과 성〉편을 함께 감상하고, 노년기의 성이 삶에 활력을 주는 긍정적 요소라는 점을 인식하도록 한다.

〈참고 자료 5회기-2〉 노인의 변화된 성 생활과 관련한 문제 해결책

■ 전제
· 노인의 성 문제는 우선 기본적으로 노인의 성욕을 인정하는 것에서부터 출발해야 한다.
· 노부부의 경우 나이가 들면서 성욕이 약해질 수는 있지만 친밀한 접촉을 바라는 욕구는 결코 감소되지 않는다. 즉, 배우자를 껴안고 쓰다듬으며 접촉에서 느끼는 즐거움을 나누고 싶어 한다.

■ 방법
· 노년, 또는 삶의 어떤 단계에서건 성 생활에 문제가 있다면 의사, 성 치료 전문가, 관련 서적에서 조언을 구해야 한다. 노환으로 눈이 나빠지면 안경을 쓰듯, 성 능력이 떨어지는 것도 여러 방법으로 충분히 고쳐질 수 있다.
· 욕구와 불안, 어려움을 솔직하게 털어놓는 열린 대화가 평생 중요하다. 배우자 간에는 자신의 성적 욕구의 변화에 대해 최대한 표현하려고 노력해야 한다. 접촉은 서로에게 힘이 되므로 접

촉을 나눌 수 있는 공통 영역을 찾아보아야 한다. 부부간의 애정 어린 성은 건강하고 행복한 노년을 가져오는 열쇠이다.

· 성과 노화에 규칙은 없는 것이고 사람은 저마다 다르므로 자신의 관심과 욕망이 어떻게 변화하는지 살피고 변화에 적응하려 노력해야 한다.

· 자위를 선택할 자유는 언제나 열려 있다.

ⓒ 비정상적인 노인 성 관계의 문제

🎤 이른바 〈박카스 아줌마 사건〉(탑골 공원에서 혼자 계신 할아버지를 유혹해서 같이 잠자리를 하자고 한 후 수면제가 들어간 박카스를 마시게 하고 지갑 등을 훔쳐 달아나는 일)이 사회적 문제가 되어 거론되었던 것 기억하시죠? 바람직하지 않은 비정상적인 성 관계가 노년기에 어떤 문제들을 가져올까요?

· 예를 들어 성병, 에이즈, 경제적 어려움 등의 문제가 나타날 수 있다.

그렇다면 보다 건강한 성적 접촉 및 이성 교제를 위해서는 어떠한 것들이 개선되어야 하고 어떠한 점들을 우선 고려해야 할까요?

· 노인의 성을 터부시하는 사회적, 개인적 편견이 변화되어야 한다.

· 노인의 성욕을 인정하는 것에서 출발해야 한다.

● 진행자 유의 사항
– 정식 통로가 아닌 비정식 통로를 통한 성 경험이 노년기의 성병이나 에이즈 등을 초래할 수 있음을 인식할 수 있도록 토론을 유도한다.
– 컴퓨터가 보편화되면서 인터넷 등을 통해 음성적으로 확산되는 노인들의 비정상적인 성적 관계 등의 위험을 알 수 있도록 한다.

③ 활동

• 활동 주제: 성 생활과 관련한 요가 배우기

● **진행자 유의 사항**

– 요가 매트를 준비하고 참여자들이 편안한 자세로 요가를 시작할 수 있도록 부드러운 분위기를 만든다.

– 참여자들이 마음을 안정시키고 편안함을 유지할 수 있도록 2회기에서의 〈참고 자료 2회기-3〉을 참조하여 지도한다.

㉠ 비틀기 자세 (앞의 기초 요가, p.38 참조)

㉡ 다리 벌리기 자세

전신 경락 등을 활성화시켜 성 기관으로 가는 신경, 혈관, 림프 순환을 도와 조루, 발기 부전에 효율적이다.

자세 실기

ㄱ. 앉은 자세에서 두 다리를 옆으로 벌린다. 너무 무리하지 말고 기분 좋게 할 수 있는 데까지 벌려도 좋다.

ㄴ. 상체를 천천히 앞으로 숙이도록 한다. 척추와 허리를 늘리면서 앞으로 숙이는 것이 요령이다. 앞쪽 바닥에 팔꿈치가 닿게 되면 천천히 조절하면서 더욱 몸을 숙여 바닥에 붙인다. 양 무릎 안쪽이 기분 좋게 늘어지는 정도에서 자세를 정지시키고 숨을 천천히 내쉰다.

㉢ 앞으로 구부리는 자세

생식선의 기능을 강화함과 동시에 류머티즘 등의 무릎 통증, 피로 회복, 위장 장애에도 효과적이며, 집중력과 지구력 향상에 효과적이다.

자세 실기

ㄱ. 양 다리를 앞으로 쭉 펴고 허리를 세우고 앉는다. 양 손을 뻗어 엄지발가락을 잡는다. 손이 닿지 않으면 발목을 잡아준다.

ㄴ. 숨을 들이마시면서 상체를 뒤로 젖힌다.

ㄷ. 숨을 내 쉬면서 상체를 서서히 앞으로 숙이면서 배, 가슴, 얼굴을 발 가까이에 닿게 한다. 무

리하지 않는 선에서 멈추고 어깨, 목, 척추의 힘을 빼고 괴롭지 않을 정도로 수초 동안 그대로 유지한다. 서서히 본래 자세로 되돌아온다.

ⓒ **활 자세**

심폐, 내장 기능의 강화에 특히 유용하고 성욕을 조화롭게 조절할 수 있고, 피로 회복에 좋다. 미용면에서도 피부를 매끄럽게 해 주고 허리를 가늘게 하며, 복부의 지방을 없애 주고 엉덩이 선을 아름답게 해 준다.

자세 실기

ㄱ. 엎드린 자세에서 무릎을 굽혀서 양손을 뒤로하여 발목을 잡는다.

ㄴ. 숨을 깊이 들이쉬면서 팔을 잡아당기고 가슴을 바닥에서 떼고 충분히 뒤로 젖힌다. 두 무릎을 바닥에서 떼고 발목을 잡고 있는 양 손에 힘을 넣어 두 다리를 잡아 끌어올리듯이 등을 젖힌다.

ㄷ. 이 자세에서 몸을 앞뒤로 기분이 좋아질 정도로 몇 회 흔들어 준다.

ㄹ. 숨을 내쉬면서 다리와 얼굴을 바닥에 대고 손을 떼고 본 자세로 되돌아가서 휴식을 취한다.

주의: 갑상선을 자극하기 때문에 갑상선항진증인 사람은 피한다.

ⓓ **코브라 자세** (앞의 휴식 관련 요가, p.68 참조)

ⓔ **뒤로 구부리기 자세**

폐를 강화시키고 혈액 순환을 촉진하여 성 기능 회복에 도움이 되며, 위장 장애, 변비, 설사, 방광염에도 좋다.

자세 실기

ㄱ. 반듯이 누워서 어깨와 가슴의 힘을 뺀다. 오른쪽 다리를 굽혀 엉덩이 바깥쪽에 당겨놓는다. 왼쪽 다리도 같은 방법으로 당겨 놓는다. 이때 허리가 떠도 괜찮다.

ㄴ. 양팔을 위로 올려도 좋다. 단전의 느낌을 느끼면서 편안하게 호흡을 한다.

(3) 정리

① 수업 정리

이번 시간에는 몸의 네 번째 시간으로 노인들의 성적 접촉과 이성 교제에 대해 이야기해 보았습니다. 연령 증가와 더불어 성적인 욕구의 충족은 쇠퇴해 가는 생물학적 과정에서 무엇보다 즐거움을 주는 것이며 정서적 건강과도 밀접하게 관련되어 있음을 인식하시기 바랍니다.

② 과제

오늘의 과제는 노년기의 부부간 접촉 및 성 생활 혹은 이성 교제와 관련하여 추천하고 싶은 본인 혹은 주변의 사례를 알아오는 것입니다.

③ 6회기 수업 안내

다음 시간에는 마음의 첫 번째 시간으로 스트레스에 초점을 두어 수업이 진행될 것입니다.

> **부가 자료**
>
> 〈High touch 아름다운 황혼을 위하여〉 동영상 건강 요가 중 노인과 성 참조
> (http://blog.daum.net/hightouch/2782699?srchid=BR1http%3A%2F%2Fblog.daum.net
> %2Fhightouch%2F2782699).

실천 가이드

■ 사전 준비

· 5회기 수업 '몸-접촉과 성' 부문은 성 관련 전문가(성 교육, 성 상담, 비뇨기과 의사)를 초빙하여 진행할 수 있다. 단, 성 의학적 지식보다는 일상생활에서 노인의 성 생활에 대한 제약이나 이성 교제의 어려움, 부부 관계 등을 위주로 수업을 진행하는 것이 참여자의 호응을 높일 수 있다.

· 전문가 초빙 시 사전에 5회기 매뉴얼을 송부하고, 집단 구성의 성격과 프로그램 특성을 설명하여, 전문가가 프로그램의 전체적인 주제에 근접하여 수업이 진행될 수 있도록 미리 조율할 필요가 있다.

■ 도입

· 주 진행자는 먼저 참여자가 '노인의 성'이란 주제에 대해 어색해 하거나 언급하는 것 자체를 터부시할 수 있으므로, '노인의 성'과 관련된 주변의 사례나 공감할 만한 재미난 이야기를 통해 자연스러운 분위기를 조성할 수 있는 적절한 예를 제시해 주는 것이 좋다.

■ 전개

· 참여자 중 남성이 여성에 비해 질문이나 토론 등 수업의 참여도가 높아 자칫 '남성 노인의 성' 쪽으로 수업이 편중될 여지가 있으므로, '여성 노인의 성'이 수업에서 소외되지 않도록 강의나 토론 시간을 균등하게 안배하는 것이 필요하다.

■ 정리

· 참여자가 궁금해 하는 개별 질문들은 수업 마지막에 질의응답 시간을 따로 갖는 것이 수업 전체 진행을 원활하게 하는 방법 중 하나이다.

· 몸-마음-영성 프로그램 중 '몸 부문'의 마지막 회기 수업이므로 1회기에서 5회기까지 몸 건강 부문의 주요 사항을 정리해 주는 것이 필요하다.

마음-스트레스

6회기 수업 개요

회기	6			
수업명	마음-스트레스			
수업 목표	노화와 정신 건강, 스트레스와 노화 과정의 상관성을 이해하고 자신의 스트레스 반응을 관찰하여 이를 이완하는 방법을 습득할 수 있다.			
일시/장소	○○○사회복지관			
담당자	○○○			
단계	내용(교수 학습 활동)	방법	매체 및 준비물	시간
도입	과제 확인 동기 유발 질문 6회기 수업 개요 설명			5분
전개	스트레스란? 스트레스와 노화 스트레스와 이완 반응	강의	매뉴얼	20분
	개인별 스트레스의 원인 및 긴장 완화 방법	토론	필기도구 매뉴얼	25분
	휴식			10분
	이완 명상법 실습	활동	요가 매트	45분
정리	수업에 대한 정리 과제: 명상 실천 7회기 수업 안내			5분

(1) 도입

① 과제 확인

– 접촉과 성 수업에서의 과제를 비롯해 '몸'과 관련한 4차례의 수업과 관련한 과제들이 지속적으로 수행되고 있는지 확인한다.

② 동기 유발 질문

✎ 어르신들께서는 다들 스트레스가 있으시지요? 주로 어떤 것들이 어르신들의 가장 큰 스트레스인 가요?

예: 외로움? 몸의 통증? 마음의 불안? 스트레스의 원인은 다양합니다.

즉, 반갑지 않은 해로운 자극을 스트레스 요인(stressor)이라 하고, 이때의 긴장 상태를 스트레스라 고 합니다.

③ 수업의 개요 제시

✎ 앞으로 4주간은 마음의 건강에 초점을 맞추어 수업이 진행될 예정입니다. 그 첫 시간으로 이번 주 에는 스트레스에 대해 함께 생각하고 스트레스를 해결하는 방법을 실천해 보는 수업이 될 것입니다.

● **진행자 유의 사항**

– 질문을 던질 때에는 전체적으로 눈을 맞추도록 한다.

– 한두 분이 우선 부담 없이 대답할 수 있도록 자연스러운 예를 제시한다.

> 육체적 건강을 위해 근육 운동 등 각종 운동을 하듯이 정신 건강을 지키기 위해서도 구체적인 노력을 기울이는 것이 필요하다. 〈작자 미상〉

(2) 전개

① 강의

㉠ 스트레스

스트레스란 생체에 가해지는 여러 상해 및 자극에 대하여 체내에서 일어나는 생물 반응으로 캐나다의 내분비학자 셀리에(H. Selye)가 처음으로 명명하였다.

스트레스 반응은 자극 호르몬인 아드레날린이나 다른 호르몬이 혈중 내로 분비되어 우리 몸을 보호하려고 하는 반응으로, 위험에 대처해 싸우거나 그 상황을 피할 수 있는 힘과 에너지를 제공한다. 스트레스 반응에 대한 신체의 변화는 다음과 같다.

ⓐ 근육, 뇌, 심장에 더 많은 혈액을 보낼 수 있도록 맥박과 혈압의 증가가 나타난다.

ⓑ 더 많은 산소를 얻기 위해 호흡이 빨라진다.

ⓒ 행동을 할 준비 때문에 근육이 긴장한다.

ⓓ 상황 판단과 빠른 행동을 위해 정신이 더 명료해지고 감각 기관이 더 예민해진다.

ⓔ 위험을 대비해 중요한 장기인 뇌, 심장, 근육으로 가는 혈류가 증가한다.

ⓕ 위험한 시기에 혈액이 가장 적게 요구되는 곳인 피부, 소화 기관, 신장, 간으로 가는 혈류는 감소한다.

ⓖ 추가 에너지를 위해서 혈액 중에 있는 당, 지방, 콜레스테롤의 양이 증가한다.

ⓗ 외상을 입었을 때 출혈을 방지하기 위해 혈소판이나 혈액 응고 인자가 증가한다.

스트레스의 원인을 스트레스 요인 혹은 스트레서(stressor) 혹은 유발 인자(trigger)라고 한다. 그 원인은 외적 원인과 내적 원인으로 나눌 수 있다.

외적 원인은 소음, 강력한 빛·열, 한정된 공간과 같은 물리적 환경, 무례함·명령, 타인과의 격돌 같은 사회적 관계, 규칙·규정·형식과 같은 조직 사회, 친인척의 죽음, 직업 상실, 승진과 같은 생활의 큰 사건, 통근 등 일상의 복잡한 일 등이 있다. 내적 원인은 카페인, 불충분한 잠, 과중한 스케줄과 같은 생활양식의 선택, 비관적인 생각, 자신 혹평, 과도한 분석과 같은 부정적인 생각, 비현실적인 기대, 독선적인 소유, 과장되고 경직된 사고 등이 있다.

ⓛ 스트레스 증상

일반적인 증상은 다양하지만 크게 다음의 4가지 범주로 나눌 수 있다.

ⓐ 신체적 증상: 피로, 두통, 불면증, 근육통이나 경직(특히 목, 어깨, 허리), 심계항진(맥박이 빠름), 흉부 통증, 복부 통증, 구토, 전율, 사지 냉감, 안면 홍조, 땀, 자주 감기에 걸리는 증상이 나타난다.

ⓑ 정신적 증상: 집중력이나 기억력 감소, 우유부단, 마음이 텅 빈 느낌, 혼동이 오고 유머 감각이 없어진다.

ⓒ 감정적 증상: 불안, 신경과민, 우울증, 분노, 좌절감, 근심, 걱정, 불안, 성급함, 인내 부족 등의 증상이 나타난다.

ⓓ 행동적 증상: 안절부절 못함, 손톱 깨물기, 발 떨기 등의 신경질적인 습관, 먹는 것, 마시는 것, 흡연, 울거나 욕설, 비난이나 물건을 던지거나 때리는 행동이 증가한다.

스트레스는 무조건 건강에 좋지 않은 영향만 끼치는 것이 아니다. 적당하면 오히려 신체와 정신에 활력을 주는 것으로 알려져 있다. 그러나 내·외적 자극에 대해 한 개인이 감당할 능력이 약화되거나, 이러한 상태에 장기간 반복적으로 노출되면 스트레스는 만성화되어 정서적으로 불안과 갈등을 일으키고, 자율신경계의 지속적인 긴장을 초래하여 정신적·신체적인 기능 장애나 질병을 유발시킨다. 특히 노이로제 또는 심신 장애의 병적인 증상이 진행하거나 악화되어 온갖 장애와 만성 질환에 걸리게 된다.

ⓒ 스트레스와 노화

스트레스는 어느 한 시기에만 나타나는 것이 아니라 인간의 전 생애에 걸쳐 나타난다. 스트레스가 중년기에는 특히 심장병, 위궤양, 고혈압, 당뇨병 등 성인병의 원인으로 작용하고, 노년기에는 신경증, 심신증 등을 초래해서 우울증을 증가시킨다. 스트레스와 세포 노화의 정도는 비례하며, 스트레스 반응을 중재하는 코티솔 호르몬은 기억과 감정을 주관하는 뇌의 뉴런에 직접적으로 악영향을 미친다.

그러나 어느 누구도 스트레스를 피해서 살 수 없으므로, 노화로 인한 정신 기능 손상을 줄이고 자신의 역할을 감당하기 위해서는 스트레스가 뇌와 신체 기관에 미치는 손상을 완화하는 전략을 알고 실천해야 한다.

ⓔ 스트레스와 이완 반응

자신의 의지로 제어할 수 없는, 즉 뇌에서 통제되지 않는 말초신경계를 자율신경계라고 한다. 자율신경계는 소화, 호흡, 땀 같은 신진대사처럼 의식적으로 제어할 수 없는 기능에 관여하고 있다. 자율신경계는 교감신경계(sympathetic nervous system)와 부교감신경계 (parasympathetic nervous system)라는 두 개의 신경계로 다시 나누어지고, 이 둘은 하나가 활발해지면 다른 하나는 억눌려지는 방식인 길항 작용을 통해 제어된다.

교감신경계는 몸을 많이 움직이거나, 공포와 같은 상황에 처해 스트레스가 많아지면 활발해진다. 교감신경계의 활성화로 인해 이러한 스트레스에 대처하는 데 필요한 반응과 에너지 공급이 나타나게 되며 그에 따라 혈압과 심장 박동 수가 높아지고 동공이 확대되고 소름이 돋는다. 이러한 교감신경계의 준비 동작을 '싸움 혹은 도주(fight or flight)' 반응이라고 부르기도 한다.

이러한 교감신경계의 작용에 반해서, 편안한 상태가 되면 부교감신경계가 활성화된다. 부교감신경계가 활성화되면 심장 박동 수와 혈압이 낮아지고 소화 기관에 혈액이 많이 돌아가서 소화 효소 분비가 활발해져서, 에너지를 확보하는 방향으로 온몸이 작동하게 된다. 스트레스에 대항하는 이완 반응은 바로 이러한 부교감신경계가 주도하는 반응이다.

〈표 3〉 교감/부교감신경계가 주도하는 반응

교감신경계가 주도하는 반응	부교감신경계가 주도하는 반응
· 심장 박동 수 증가 · 혈압과 혈당치 증가 · 혈류의 방향을 틀어 말단부의 체온 감소 · 소화 능력 감소 · 코티솔 수치 증가 · 만성 질병을 유발-고혈압, 내분비 기능 장애, 불균형, 면역 장애 · 정서적인 불안 및 방어적인 태도 · 교감신경계가 과도하게 활동하면 만성 질환의 원인이 되고 건강한 노화를 방해	· 긴장을 완화하는 데 도움이 되는 호르몬을 배출하여 제동 장치로서의 역할을 하며 스트레스에 대항하는 이완 반응을 주도 · 심장 박동 수 감소 · 혈압 감소 · 혈액 순환이 균형을 이루어 손과 피부에 체온 증가 · 소화 능력 원활 · 신진대사와 면역력 증가 · 정서적 안녕

스트레스에 대처하고 스트레스를 감소시키기 위한 많은 관련 연구들은 명상을 통한 이완을 통해 스트레스를 감소시킬 수 있음을 밝혀 왔다. 심신 의학에서 입증된 명상의 효과들을 살펴보면 신체적 변화와 심리적 변화 모두를 포함하고 있다. 구체적으로는, 긴장 완화 관련 뇌파인 알파파 증가, 스트레스의 부정적인 효과 경감, 코티솔과 아드레날린 수치 감소, 편도체 활동 증가, 전두엽 활동 감소, 산화질소(NO) 분출, 우뇌 감소와 좌뇌 증가, 숙면과 관련된 멜라토닌 증가 등과 같은 신체적 효과가 있으며, 긍정적 감정, 행복감, 이타주의의 증가 등과 같은 심리적 효과가 있다.

명상을 통한 스트레스 이완법은 지속적이고 규칙적인 호흡 훈련과 일상생활에서 쉽게 실천할 수 있는 내용으로 구성되어 있으며 무리한 신체적 동작이 없기 때문에 노년기의 스트레스 대처에 도움이 될 것이다.

② **토론**

• 토론 주제: 개인별 스트레스 주원인 및 긴장 완화 방법

어르신들께서는 스트레스가 있을 때 어떠한 반응이 주로 나타나나요? 신체적 반응이라든가 아니면 마음에 있어서의 반응이라든가 하는 거요. 예를 들어 얼굴이 붉게 달아오른다거나 손이 떨린다거나 마음이 진정이 안 된다거나 하는 반응들이 있겠지요.

스트레스를 해소하기 위해 개인적으로 행하는 방법이 있으십니까?
(TV보기, 술 마시기, 운동하기, 잠자기, 청소하기)

이완 훈련을 받아본 경험이 있으시다면 그 효과가 어떠했나요?

● **진행자 유의 사항**
– 적절한 예를 통해 사고를 자극할 수 있도록 돕는다. 다만 진행자는 촉진자의 역할로 질문을 던지는 것이고 참여자들에게서 다양한 반응이 나오도록 유도한다.
– 참여자들의 토론 내용을 우선적으로 정리해 본다.
– 스트레스 해소 방법들로 나온 답들 중에 긍정적인 것과 부정적인 것을 생각해 보도록 한다.
– 정리한 후 〈참고 자료 6회기-1〉을 참조하여 손쉬운 스트레스 해소법들을 생각해 본다.

호흡 운동 · 시각적 상상 · 마사지 · 목욕 · 음악 감상 · 여행 · 등산 등

③ **활동**

• 활동 주제: 이완 명상법 학습

명상은 1970년대 이후 현대인이 직면하는 스트레스를 효율적으로 대처하려는 방법으로 주목받기 시작했다. 특히 Benson(1975)이 이완 반응(Relaxation Response)이라는 명상법을 서양 의학에 소개하면서부터 현대 심리학과 의학에서는 명상의 의미를 과학적으로 연구하기 시작하였으며, 명상이 스트레스에 의한 질환을 예방하고 치유할 수 있다는 연구 결과들이 보고되고 있다.

● **진행자 유의 사항**

– 요가 매트를 준비하고 참여자들이 편안한 자세로 명상을 시작할 수 있도록 안정된 분위기를 조성한다.

– 〈참고 자료 6회기-2〉를 참조하여 이완 명상법을 수행해 보는 시간을 갖는다.

– 명상을 수행한 후 변화된 기분에 대해 간단히 감정을 나누는 시간을 가져 본다.

〈참고 자료 6회기-2〉 허버트 벤슨(Benson, H)의 이완 명상법

· 이완을 하기 위해서 집중을 위한 말, 기도, 소리 중 하나를 선택한다. 짧은 기도문을 선택할 수도 있다. '사랑'이나 '평화'라는 말 또는 '옴'이란 말을 사용해도 된다. 여기서는 '옴'을 선택하기로 한다.

· 허리를 펴고 모든 근육을 좀 이완한다. 다리에서부터 어깨, 목 등을 푼다.

· 움직이지 말고 천천히 코로 숨을 쉰다.

· 숨을 내쉴 때마다 속으로 '옴' 하고 말한다.

· 다른 잡다한 생각이 떠오르면 또 '옴' 하고 말한다.

· 이를 하루에 한두 번씩 10분에서 20분씩 규칙적으로 한다.
· 끝나면 바로 일어나지 말고 한 1분간 일상적인 생각을 한다. 그런 다음 눈을 뜨고 일상적인
  생활로 돌아가면 된다.
· 장기적 효과를 보기 위해서는 꼭 규칙적이어야 한다.

(3) 정리

① 수업 정리

이번 시간에는 마음의 첫 번째 시간으로 스트레스 및 대처 방안에 대해 살펴보았습니다. 스트레스 없이 살아가는 것은 불가능하니 스트레스에 건강히 대처하는 것이 건강한 삶의 지름길일 것입니다.

② 과제

오늘 수업 활동의 마지막 부분에 행했던 이완 명상을 실천하는 것이 과제입니다. 가장 손쉽게 할 수 있는 것부터 짧더라도 매일 실천에 옮겨 보시기 바랍니다.

③ 7회기 수업 안내

다음 시간에는 마음의 두 번째 시간으로 감정에 초점을 두어 수업이 진행될 것입니다. 즉, 노인의 감정이 얼마나 다양한지 이해하고 분노 및 부정적 감정을 재조명해 보도록 하겠습니다.

■ 사전 준비
· 명상에 필요한 조용한 음악과 음향 기기를 준비한다.

■ 도입
· 지난 회기의 몸 영역 프로그램들을 간단히 정리하고 마음 영역의 시작으로 프로그램 주제의 전환을 설명한다.
· 동기 유발 질문을 통해 자연스러운 예를 제시하고 참여자들이 부담 없이 이야기할 수 있도록 한다.

■ 전개
· 명상과 요가를 할 수 있도록 매트를 준비한다.
· 참여자들이 편안하게 명상을 할 수 있도록 안정된 분위기를 조성한다.
· 명상을 진행할 때 진행자의 목소리 톤은 다소 낮고 차분하게 하여 참여자들이 편안하게 느낄 수 있도록 한다.
· 토론을 통해 나온 개인들의 경험과 사적인 이야기에 대해서는 집단 내에서만 공유하고 비밀 보장을 원칙으로 한다는 것을 강조하여 비밀을 보장하도록 한다.
· 마음 영역은 개인의 경험에 대한 사적인 이야기가 많아지므로 한 사람의 이야기가 오랜 시간을 차지하지 않도록 시간 배율에 주의가 필요하다.
· 발표나 토론 중 참여자의 이야기 흐름이 다른 주제로 전환될 경우 원 주제로 돌아올 수 있도록 내용의 흐름을 잡아 줄 필요가 있다.

■ 정리
· 오늘의 프로그램 활동에 대한 정리(예: 스트레스 대처 방법, 명상 등)를 통해 참여자들의 이해를 돕는다.
· 일상생활에서 명상을 할 수 있도록 명상 자료를 CD로 제작하여 참여자들에게 나누어 준다.
· 요가와 명상의 순서를 바꾸어 해도 좋다.

마음-감정

7회기 수업 개요

회기	7			
수업명	마음-감정			
수업 목표	노인 감정의 다양성을 이해하고 자신의 감정 및 타인의 감정을 확인하는 훈련을 통하여 자신의 감정을 표현할 수 있으며 타인과의 친밀감 및 공감대를 형성할 수 있다.			
일시/장소	○○○사회복지관			
담당자	○○○			
단계	내용(교수 학습 활동)	방법	매체 및 준비물	시간
도입	· 과제 확인 · 동기 유발 질문 · 7회기 수업 개요 설명			5분
전개	· 노인 감정의 다양성 이해 및 자신의 · 감정 상태 파악 · 분노 및 부정적 감정과 표출 방법	강의/ 토론	매뉴얼 필기도구	45분
	휴식			10분
	· 감정 달래기 명상법 · 웃음 요가	활동	요가 매트	45분
정리	· 수업에 대한 정리 · 과제: 웃음 전파 · 8회기 수업 안내			5분

(1) 도입

① 과제 확인

– 스트레스 수업에서 부과된 이완 명상 실천 과제를 확인한다.

② 동기 유발 질문

🎤 지금 현재 어떤 감정이 느껴지십니까?

예: 떨린다거나 재미있다거나 지루하다거나 등 매 순간 우리는 다양한 감정들을 접하고 생활하는데 이를 제대로 인식하고 있지 못하고 있는 것 같습니다.

③ 수업의 개요 제시

🎤 이번 주에는 마음의 연장선상에서 감정에 대해 살펴보도록 하겠습니다. 우선 노인 감정의 다양성을 이해하고, 다양한 감정을 확인하는 훈련을 수행해 보며, 분노 등 부정적 감정을 표현하는 방법을 생각해 보도록 하겠습니다.

● **진행자 유의 사항**

이번 수업에는 특히 참여자들의 참여가 필수적이므로 보다 적극적인 토론을 이끌 수 있도록 참여자들과 전체적으로 눈을 잘 맞추며 자연스럽게 그들의 감정 표현을 자극하도록 한다.

(2) 전개

① 강의 및 토론

㉠ 노인 감정의 다양성 이해 및 자신의 감정 상태 파악

🎤 어르신들께서 최근 경험하신 다양한 감정들을 한 번 확인해 보는 시간을 갖도록 하겠습니다.

● **진행자 유의 사항**

- 참여자들이 자신의 감정을 확인할 수 있도록 하기 위하여 우선 〈참고 자료 7회기-1〉에 제시된 빈 칸에 현재를 포함한 최근 1주일간 경험한 감정들을 기록하면서 생각할 시간을 준 후 발표하도록 한다.

- 참여자들의 사고를 자극하기 위하여 다음에는 〈참고 자료 7회기-2〉와 〈참고 자료 7회기-3〉을 이용하여 최근 1주일간 경험한 감정들을 체크할 수 있도록 한다.

  · 〈참고 자료 7회기-2〉: 감정 상태 표현 낱말들을 제시한 후 최근 1주일간 경험한 감정들에 동그라미 하도록 한다.

  · 〈참고 자료 7회기-3〉: 감정 그래프를 제시한 후 최근 1주일간 경험한 감정들의 정도를 파악할 수 있도록 한다. 주어진 감정의 형용사 이외에 다른 감정이 수업 시간에 도출된다면 빈 칸에 더 많은 감정을 나열해도 좋다. 각 감정의 정도에 해당하는 칸에 점을 찍은 후 점을 연결해서 그림을 그려본다.

> **〈참고 자료 7회기-1〉** 최근 1주일간 경험한 감정들

(참여자들이 기재할 수 있도록 참여자 매뉴얼에는 공란으로 제시한다.)

현재를 포함한 최근 1주일간 경험한 감정들
·
·
·
·
·
·
·
·

자신의 감정을 파악하는 데 도움을 줄 수 있는 그림이나 이모티콘 찾아 넣기

긍정적	황홀하다. 통쾌하다. 홀가분하다. 행복하다. 사랑스럽다. 기쁘다. 반갑다. 즐겁다. 뿌듯하다. 자랑스럽다. 재미있다. 고맙다. 상쾌하다. 신난다. 기대하다. 신기하다. 의욕적이다. 편안하다.
부정적	창피하다. 부끄럽다. 황당하다. 찜찜하다. 씁쓸하다. 짜증나다. 밉다. 괴롭다. 우울하다. 슬프다. 불안하다. 언짢다. 참담하다. 역겹다. 억울하다. 비참하다. 절망적이다. 두렵다. 화나다. 민망하다. 무섭다. 외롭다. 피곤하다. 지루하다. 초조하다. 떨리다.
기타	놀라다. 긴장하다.

출처: 우종민(2007), 마음력(수정 보완).

〈참고 자료 7회기-3〉 감정 그래프

감정	0	1	2	3	4	5	6	7	8	9	10
낙관											
지루함											
사랑스러움											
긴장감											
초조함											
분노											
열정											
신경질											
의욕											
외로움											
성취감											
편안함											
시시함											
행복											
불안											
흥미											
우울											

피곤								
흥분								
위축								
즐거움								
평화로움								

🖊 어르신들께서는 긍정적인 쪽의 감정이 더 많으신 것 같습니까? 아니면 부정적인 쪽의 감정이 더 많으신 것 같습니까?

이러한 감정들이 몇 시간 후에 혹은 내일도 같을까요? 아니면 많이 다를까요?

● **진행자 유의 사항**

– 위에 제시된 질문을 던지며 참여자로 하여금 느낀 점을 발표하게 한다.

– 참여자로 하여금 평소 자신이 긍정적 혹은 부정적 감정을 다양하게 경험하고 있음을 인정할 수 있도록 한다. 또한 감정의 표출 및 조절이 자신의 감정을 인정하는 것에서 출발해야 함을 강조한다.

Ⓛ **분노 조절**

🖊 노인들은 노화 과정에서 화남, 억울함, 야속함, 짜증 등의 감정을 자주 경험하게 됩니다. 피할 수 없으면서도 해결해야 하는 것이 바로 이 감정인데요. 이러한 감정은 고인 물과 같아서 해결하지 않으면 썩어버리고 한꺼번에 모든 걸 내보내면 홍수가 납니다. 어르신들은 이러한 감정들을 어떻게 해결하고 계십니까? 성급하게 화내고 후회해 본 적은 없으십니까?

● **진행자 유의 사항**

– 참여자로 하여금 부정적 감정의 경우 이를 표현하고 조절하기 위해서는 우선 이러한 감정을 인정해야 한다는 점, 특히 분노의 경우 이를 인정하지 않거나 못함으로써 적절한 분노 해결이 되지 못하는 경우가 많다는 점, 분노는 중독성과 전염성이 있어 그때그때 감정을 잘 표현하는 것이 중요하다는 점 등을 주지시킨다.

– 참여자로 하여금 각자 화(火)가 생길 때 이를 해결하는 방법을 생각하도록 한 후 참여자 매뉴얼의 〈참고 자료 7회기-4〉 화(火) 해결 방법(공란) 빈 표에 이를 적어 보도록 한다. 이는 단지 brainstorming으로 긍정적 해결 방법도 있을 수 있고, 부정적 해결 방법도 있을 수 있다.

<참고 자료 7회기-4> 화 해결 방법

(참여자들이 기재할 수 있도록 참여자 매뉴얼에는 공란으로 제시한다.)

억울함, 야속함, 짜증 등 각종 회남에 대한 해결 방법
· 친구를 만나서 수다를 떤다. · 무조건 잠을 잔다. · 실컷 운다. · 술을 마신다. · 물건을 부순다.

- <참고 자료 7회기-5>에 제시된 분노 해결 지도를 참고하여 분노 해결 실습을 수행한다. 즉, 스스로에게 3가지의 질문을 던져 보도록 한다. 첫째, 이 상황이 내 건강과 바꿀 만큼 중요한가? 둘째, 이 분노가 정당하고 의로운가? 셋째, 화내는 것이 문제 해결에 효과적인 방법인가? 다른 대안은 없는가? 이 세 가지 질문에 대한 답이 모두 '예'라면 화를 내야 한다.

<참고 자료 7회기-5> 분노 해결 지도

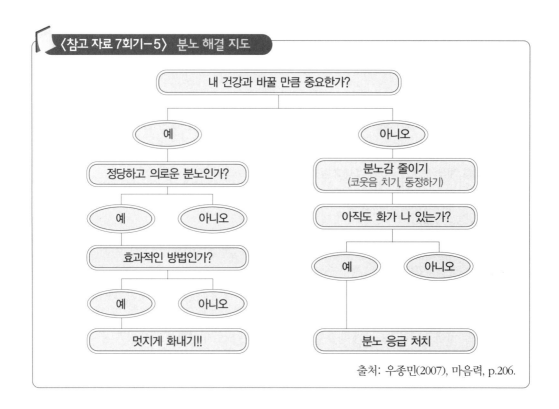

출처: 우종민(2007), 마음력, p.206.

- 참여자로 하여금 작지만 다양한 일상생활에서의 갈등 상황 사례들(예를 들어, 아침 식단에서의 갈등, 손자녀 습관 형성에 있어서의 자녀와의 갈등, 집안 정리와 관련한 부부간 갈등 등)을 제시하게 한 후 분노 해결 지도를 적용해 본다.
- 멋지게 화내기와 관련하여 〈참고 자료 7회기-6〉을 참조하면서 참여자들과 바람직한 방법들에 대해 토론해 본다.

〈참고 자료 7회기-6〉 멋지게 화내는 방법

· 침착하고 멋지게 화를 표현해야 한다.

· 자신이 원하는 바를 상대방에게 정중하면서도 정확하게 전달하기 위해서는 나쁜 말은 나를 주어로 시작하고 좋은 말은 상대를 주어로 하는 연습을 해 보는 것이 좋다. 예를 들어, "너 때문에 일이 안 되었다"가 아니라 "내가 느끼기엔 일이 안 좋아 보인다." 혹은 "내 의견을 들어 주면 고맙겠다."

- 분노 응급 처치와 관련하여 〈참고 자료 7회기-7〉을 참조하여 참여자들이 제시했던 내용들을 참조하여 다양한 내용을 칠판의 표를 이용해 함께 작성해 본다.

〈참고 자료 7회기-7〉 분노 응급 처치 방법

· 일단 그 자리를 벗어나거나 주의를 다른 데로 돌린다.

· 심호흡을 하면서 숫자를 세거나 주문을 외운다.

· 운동 등을 통해 몸으로 화를 푼다.

· 억지로라도 상대를 이해해 보려 노력해 본다.

· "화내면 뭐하나, 내 몸이 더 중요하지"라고 생각하면 화가 풀린다.

· 동료를 만나서 화난 상황에 대해 수다를 떤다.

② 활동: 감정 달래기 명상법 학습

• 활동 주제: 감정 달래기 명상법/웃음 요가

㉠ 감정 달래기 명상법

● **진행자 유의 사항**
– 〈참고 자료 7회기-8〉을 이용하여 감정을 달래기 위한 명상법을 수행해 본다.
– 수업 시간에 모든 구성원들과 수행해 보고 각자 개인적으로도 집에서 수행해 볼 것을 권한다.
– 명상 수행 후 참여자들과 느낀 점을 이야기하는 시간을 갖는다.

> **〈참고 자료 7회기-8〉** 우울, 슬픔, 괴로움 등 자신의 감정을 다스리기 위한 마음챙김 명상
>
> **명상법 1**: 소리와 함께 앉아 있기
> 1. 명상하는 동안 오직 소리만 듣도록 하라. 이것은 좋은 소리를 골라서 들으려는 것이 아니라 오직 이 순간 귀에 들어오는 소리를 듣는 것이다. 소리를 들으면서 판단하려고 해서는 안 되며 생각을 해서도 안 된다. 그냥 순수한 소리로 듣고 소리와 소리 사이의 정적 또한 들어라.
> 2. 음악을 들으면서도 훈련할 수 있다. 들려오는 개개의 음조를 들으며 음조와 음조 사이의 공백도 듣는다. 호흡과 함께 소리를 몸 안으로 들이키고 호흡과 함께 소리를 몸 밖으로 내보내도록 하라. 당신의 몸은 소리를 받아들이는 데 아무런 걸림이 없어 피부의 작은 구멍을 통해서도 소리가 당신의 몸속을 드나들고 있다고 상상해 보라.
>
> **명상법 2**: 생각, 감정과 함께 앉아 있기
> 1. 호흡에 대한 주의가 안정을 이루고 있을 때 사고 과정 쪽으로 주의를 돌려 보라. 호흡에서 떠오르는 생각 쪽으로 주의를 바꾸고 다음에는 주의 집중의 대상 범위를 넓혀 보라.
> 2. 그러한 생각이나 사고를 마음속의 '사건'으로 지각하도록 하라.
> 3. 가능하면 생각의 내용만 살펴볼 뿐 생각의 내용 속으로 끌려들어 가지 말라. 오직 생각이 떠오르는 과정만 관찰하라.
> 4. 하나의 생각이 오래 지속되지 않는다는 것에 주목하라. 이처럼 생각은 일과성이다. 한 번 떠올랐다가는 금방 사라진다는 점에 주의하라.
> 5. 왜 어떤 생각들은 계속 되돌아오는지를 살펴보라.

6. '나', '나를' 또는 '나의'와 같은 생각들에 주목하라. 이런 생각들에 대해 판단을 하지 말고 관전자로서의 '당신'이 어떻게 느끼고 있는지에 대해 자세히 살펴보라.

7. 마음속에 당신의 인생이 "잘 되어 간다" 또는 "잘 되어 가지 않는다"라는 생각에 빠져 있는 '자기 자신'이 있는지를 살펴보라.

8. 과거나 미래에 관한 생각에 주목하라.

9. 욕심내거나, 갈망하거나, 집착하는 생각에 주목하라.

10. 성내거나, 싫어하거나, 미워하거나, 혐오하거나, 거부하는 생각에 주목하라.

11. 마음속에 떠올랐다 사라지는 기분이나 감정에 주목하라.

12. 각기 상이한 생각에 관련되어 일어나는 감정이 어떠한지 주목하라.

13. 이러한 모든 생각이 사라지면 고요히 호흡으로 되돌아가라.

* 이 연습 수행에는 상당한 집중력이 필요하기 때문에 정좌명상 초기 단계에는 짧은 시간, 즉 2~3분 동안만 실천하라.

출처: 카밧진 존(2005). 『마음챙김 명상과 자기 치유』(장현갑 역). 서울: 학지사. pp.135-136.

ⓛ 웃음 요가

ⓐ 웃음 요가

우리 옛 말에 일소일소 일노일노(一笑一少 一怒一老)라는 말이 있다. 한 번 웃으면 한 번 젊어지고 한 번 화내면 한 번 늙어진다는 말이다. 또한 소문만복래(笑門萬福來)라는 말도 있다. 즉, 웃으면 복(福)이 온다는 말이다. 웃고 안 웃고의 차이는 간단한 표정의 차이일 뿐만 아니라 건강과 직결되는 중요한 차이를 가져올 수 있다.

웃음이 건강에 좋다는 것은 이미 과학적으로도 증명이 된 상태이다. 즉, 규칙적인 웃음은 근육을 이완시켜 주고, 스트레스를 해소시켜 주며, 맥박에 활력을 불어넣어 주고 면역 체계를 개선시켜 주는 것으로 알려져 있다. 인간의 감정 중 가장 전염성이 강한 것이 웃음이다. 순수하게 웃는 웃음과 가짜로 웃는 웃음 모두가 사람들에게 이점을 준다는 점에 의거하여 웃음 요가에서는 웃음의 종류를 따지지 않고 많이 웃을 것만을 권장하고 있다.

인도의 외과 의사인 마단 카타리아(Madan Kataria) 박사는 웃음의 치료 효과에 주목하여

1995년에 뭄바이에 최초로 웃음 클럽을 열었고 이후 요가 동작을 접목하여 많은 웃음 요가 클럽들이 활동하고 있다. 웃음 요가는 심장, 복부, 호흡기 및 안면 근육 등에 운동을 자극할 뿐만 아니라 엔돌핀을 방출시켜 면역 체계를 개선시킬 수 있다.

ⓑ 웃음 요가의 방법

● **진행자 유의 사항**

– 〈참고 자료 7회기-9〉를 참조하여 웃음 요가를 수행해 본다. 웃음 요가를 수행할 때 〈참고 자료 7회기-10〉의 웃음 요가 실천 원리들을 유념할 수 있도록 안내한다.

– 손쉽게 따라할 수 있는 방법이므로 수업 시간에 모든 구성원들과 수행해 보고 각자 개인적으로도 집에서 수행해 볼 것을 권한다.

– 웃음 요가 수행 후 참여자들과 느낀 점들을 이야기하는 시간을 갖는다.

> ### 〈참고 자료 7회기-9〉 웃음 요가 방법
>
> 1. 가장 행복했던 순간을 생각한다. 얼굴에 저절로 미소가 번질 것이다. 웃지 못한다는 것은 마음의 자물쇠가 채워져 있다는 것이다. 행복한 미소로 마음의 자물쇠를 푼다.
> 2. 얼굴을 손바닥으로 가린다. 아무것도 보이지 않을 테니까 지금 주위에 아무도 없다고 생각하고 15초 이상 소리 내서 크게 웃는다.
> 3. 손거울을 들여다보듯 손바닥을 보면서 세상에서 가장 아름다운 미소를 15초 이상 짓는다.
> 4. 가족끼리 서로 시원하게 안마를 해 주거나 겨드랑이, 허리 등을 간지럼 태우면서 함께 15초 이상 시원하게 웃는다.
> 5. 바닥에 등을 대고 누운 상태에서 팔과 다리를 하늘로 높이 올린다. 배가 등에 닿을 정도로 집어넣고 팔다리를 마구 흔들면서 허리가 끊어지도록 소리 내어 15초 이상 웃는다.
> 6. 배를 바닥에 대고 누운 상태에서 팔을 앞으로 뻗는다. 배에 힘을 주고 두 팔과 다리, 가슴을 최대한 높이 들어 올리면서 큰소리로 15초 이상 웃는다.
> 7. 깊은 호흡과 휴식을 취한다.

〈참고 자료 7회기-10〉 웃음 요가 실천 원리

1. 크게 힘차게 웃어라. 크게 웃는 웃음은 최고의 운동법이다. 매일 1분 동안 웃어라. 힘차게 웃을수록 더 큰 자신감이 생긴다. 근육이 운동을 한다.

2. 억지로라도 웃어라. 웃음은 연습이다. 웃으면 병은 무서워서 도망간다.

3. 눈 뜨면 웃어라. 아침에 첫 번째 웃는 웃음이 보약 중의 보약이다. 보약 1백 첩보다 낫다.

4. 웃는 시간을 정해놓고 웃어라. 아침, 점심, 저녁마다 자기가 웃을 수 있는 시간을 정하라. 그러면 병원과는 영원히 작별한다.

5. 마음까지 웃어라. 얼굴 표정보다 가슴으로 웃어라. 마음의 표정이 더 중요하다.

6. 가장 즐거운 생각을 하며 웃어라. 즐거운 웃음은 즐거운 일을 창조한다. 웃으면 복이 오고 웃으면 웃을 일이 생긴다.

7. 여럿이 함께 웃어라. 혼자 웃는 것보다 33배 이상 효과가 좋다. 어깨동무를 하고 웃자.

8. 고단하고 힘들 때 더 웃어라. 진정한 웃음은 힘들 때 웃는 것이다.

9. 웃고 또 웃어라. 웃지 않고 하루를 보낸 사람은 그날을 낭비한 것과 다름없다.

10. 꿈을 성취한 순간을 생각하며 웃어라. 꿈과 웃음은 한 집에 산다.

출처: 김영식(2005). 『웃음 요가로의 초대』. 서울: 요가코리아.

(3) 정리

① 수업 정리

이번 시간에는 마음의 두 번째 시간으로 감정의 다양성에 대해 살펴보았습니다. 부정적 감정을 해결하기 위해서는 우선 그러한 감정 상태를 스스로 인지하는 것이 중요하다는 사실을 잊지 마시기 바랍니다.

② 과제

오늘의 과제는 지나치면서 만나는 사람들, 슈퍼마켓, 세탁소, 엘리베이터 등에서 만나는 사람들의 표정을 살펴보고 시무룩하거나 무표정인 그들에게 미소를 보이며 웃음 전파

자로서의 역할을 해 보시는 것입니다.

③ 8회기 수업 안내

다음 시간에는 마음의 세 번째 시간으로 사고에 초점을 두어 수업이 진행될 것입니다.

감정 표현 사진

1. http://blog.yonhapnews.co.kr/scoopkim/post/7190/
   가톨릭 의대 연구에 사용된 것. 한국인 배우의 표정 사용.
2. http://www.fotosearch.co.kr/pdfs/THK131.pdf
   서양인 중심의 얼굴 표정. 각각의 사진을 클릭하면 표현된 감정이 나타남.
3. Mark Simon, *Facial expression: a visual reference for artists*.
4. 대한신경정신의학회 발표 논문 중 「감정 연구용 얼굴 표정 영상 개발 및 예비 표준화」.

실천 가이드

■ 사전 준비
· 테이블은 역시 원형으로 배치하고 토론 위주로 진행되므로 넓은 공간보다 조용하고 좁은
  공간이 좋다.

■ 도입
· 요가 매트를 참여자들과 함께 세팅하고 동작을 시작하면 동작별 효과에 대해서 설명해 주
  도록 한다.
· 안부 인사나 시사 주제에 대해 이야기 나눔으로써 도입을 자연스럽게 시작한다.
· 지난 회기 요약 및 소감, 감사 일지에 대해 자발적인 발표를 유도한다.
· 본 수업에 대해 동기 유발 질문 및 주제 개요를 설명한다.

■ 전개
· 노인의 감정 다양성 이해 및 토론에서는 참여자가 현재 느끼는 감정, 최근 경험했던 다양한
  감정을 발표하도록 유도하고 화이트보드에 열거하여 감정이 다양함을 설명하도록 한다. 이
  때 참여자들이 감정 표현에 제한이 있어 다양한 감정이 발표되지 않더라도 집단의 침묵을
  허용하여 기다려 주는 기술도 필요하다.
· 최근 분노감을 느꼈던 상황을 발표하고 당시에 어떻게 분노감을 해결하였는지 해결 방법에
  대해 공유한다. 이때 긍정적 해결 방법을 시도하였던 참여자를 칭찬하고 지지한다.
· 참여자들의 해결 방법을 공유한 뒤 분노감 조절을 위해 분노 해결 지도, 멋지게 화내는 방
  법에 대해서 교육한다. 이때 분노 해결을 위한 방법에 '사고'에 대해서 자연스럽게 연결이
  될 수 있으므로 8회기인 마음-사고 부문을 함께 진행해도 효과적이다.
· 참여자들의 분노감을 경험하는 상황 중에서 가족 갈등에 대한 주제가 많았다. 갈등의 원인
  을 파악하여 의사소통의 문제가 있을 경우 기능적 의사소통 방법을 강의하는 것도 효과적
  이다(나 전달법-너 전달법 등).
· 웃음 요가는 생략하고 심신 이완 요법으로 대체하였다.

■ 정리
· 강의 내용을 정리하고 토론 내용 중에 참여자들이 모두 공유하거나 인상 깊었던 주제를 강
  조하는 것도 좋다.
· 오늘의 소감과 감사 일지 과제를 부여한다.

8회기 마음-사고

8회기 수업 개요

회기	8			
수업명	마음-사고			
수업 목표	인지 행동 치료법을 통해 부정적 사고방식을 긍정적으로 전환하도록 훈련함으로써 문제 해결 능력 및 수용 능력을 향상시킬 수 있다.			
일시/장소	○○○사회복지관			
담당자	○○○			
단계	내용(교수 학습 활동)	방법	매체 및 준비물	시간
도입	· 과제 확인 · 동기 유발 질문 · 8회기 수업 개요 설명			5분
전개	· 긍정적 사고 · 인지 행동 치료법	강의/ 토론	매뉴얼 필기도구	25분
	인지 행동 치료법 적용 사례	토론	매뉴얼 필기도구	20분
	휴식			10분
	부정적 사고 패턴 고찰 및 인지 행동 치료법 적용	활동	매뉴얼 필기도구	45분
정리	· 수업에 대한 정리 · 과제: 긍정적 사고 실천 · 9회기 수업 안내			5분

(1) 도입

① 과제 확인

– 감정 수업에서 부과된 웃음 전파 실천 과제를 확인한다.

② 동기 유발 질문

🎤 어르신들께서는 스스로를 돌아보실 때 매사에 비교적 낙천적인 사고를 하신다고 생각하십니까? 아니면 부정적인 사고를 하신다고 생각하십니까? 오늘 하루 동안 했던 생각 중에 부정적인 것이 더 많으십니까? 아니면 긍정적인 것이 더 많으십니까?

③ 수업의 개요 제시

🎤 지난주에 이어 이번 주에도 마음에 대한 내용을 이어가도록 하겠습니다. 오늘의 주제는 사고로 인지 행동 치료법을 소개하고 자신의 부정적인 사고 패턴을 고찰한 후 긍정적 태도와 사고로 전환하는 연습을 해 보도록 하겠습니다.

● **진행자 유의 사항**
– 이번 수업에는 지난주의 감정 수업과 마찬가지로 참여자들의 참여가 필수적이므로 보다 적극적인 토론을 이끌 수 있도록 자연스럽게 참여자들의 사고 패턴이 표출되도록 한다.

(2) 전개

① 강의

㉠ 긍정적 사고

행복한 사람들의 공통적인 특징은 긍정적이고 낙천적이라는 것이다. 그들은 앞으로 인생이 잘 풀리고 좋은 일이 생길 것이라고 믿는다. 좌절의 경험 앞에서 비관적인 사람은 자신이 패배자이며 쓸모없다고 생각하는 반면 낙관적인 사람은 현재의 실패를 영원한 것으로 보지 않는다.

이와 같이 좌절로 인해 쉽게 우울해지는 사람과 이를 발판으로 다시 재기하는 사람들 사이의 차이를 연구한 긍정 심리학자인 마틴 샐리그만(Seligman, M.)에 의하면 비관적인 사람과 낙관적인 사람의 차이는 천성이나 성격의 차이가 아니라 자신의 경험을 해석하는 방법의 차이라고 설명한다. 즉, 낙관주의가 학습으로 습득될 수 있다는 것이다. 긍정 심리학(positive psychology)은 불안, 우울, 스트레스와 같은 부정적인 감정보다 개인의 강점과 미덕 등 긍정적인 감정에 초점을 맞추는 심리학의 새로운 연구 동향을 일컫는다. 긍정 심리학을 바탕으로 심리학자들은 인생의 긍정적인 측면을 강화하고 더욱 넓혀 가는 데 역량을 집중하고 있다. 즉, 부정적이고 고통스러운 상태의 환자를 중립적이고 정상적인 상태가 되도록 도와주는 것에서 나아가 행복을 증진시키고자 한다.

〈표 4〉 긍정적 사고

염세주의자는…	낙관주의자는…
그 자신이 항상 문제의 일부이다.	그 자신이 항상 문제 해결의 일부이다
항상 변명거리를 가지고 있다.	항상 해결할 수 있는 방법을 발견한다.
"그것은 내 일이 아니야"라고 말한다.	"내가 뭘 도와줄 수 있을까요?"라고 말한다.
모든 대답에서 문제점들을 발견한다.	모든 문제들에 대한 대답을 발견한다.
문제가 너무 어렵다고 생각한다.	문제가 시도해 볼 가치가 있다고 생각한다.
"전에 해 본 적이 없다"고 말한다.	"새로운 걸 해 보는 기회야"라고 말한다.
"잘 안 될 거야"라고 말한다.	"방법이 있을 거야"라고 말한다.
돈 낭비라고 생각한다.	투자는 가치 있는 것이라 생각한다.
"이쪽 일은 잘 몰라"라고 말한다.	"이것에 대해 잘 아는 사람을 찾아보자"라고 말한다.
너무나 급격한 변화라고 생각한다.	새로운 무언가를 맞을 준비가 되어 있다
"글쎄, 잘 모르겠는데"라고 말한다.	"다른 대안을 한 번 생각해 볼게"라고 말한다.
"원리에 어긋나는 거야"라고 생각한다.	"일단은 뭐든 가능하다"라고 생각한다.

출처: Cusack, S. A. & Thompson, W. (2003), *Mental Fitness for Life: 7steps to healthy aging*, p.163.

ⓛ 인지 행동 치료법

사고는 감정과 행동, 태도를 결정하는 중요한 원천이다. 슬픔, 불안 등의 감정은 대부분 습관화된 사고방식에 그 뿌리를 두고 있다. 특히 노년층에서 나타나는 감정의 불균형은 건강한 노화를 방해한다.

사고의 패턴 그리고 사고에서 비롯하는 감정과 행동을 바꾸는 인지 행동 치료(Cognitive Behavioral Therapy: CBT)는 부정적 감정을 불러일으키는 사고 습관을 파악하여 이를 다른 생각으로 바꾸게 도와줄 수 있는 심리 치료 방법이다.

인지 행동 치료의 기본 가정은 사고 패턴이 변하면 그 사람의 감정과 행동도 바뀔 수 있다는 것이다. 과거의 경험과 이를 처리하는 사고 기제가 현재의 생활에 부정적인 영향을 미칠 수 있기 때문에 학습된 오해를 바로잡아 이 경험과 기제들을 새롭고 더욱 유용한 테크닉으로 대체하는 것이 인지 행동 치료의 목적이다.

인지 행동 치료사는 파괴적이거나 부정적인 사고 패턴을 분석해 상담자가 새로운 행동을 실천에 옮길 수 있도록 돕는다. 구체적으로 인지 행동 치료를 통해 낙관주의 혹은 긍정적 사고방식을 터득하기 위해서는 자기 파괴적 사고를 식별하는 것에서 시작한다. 부정적 감정을 불러일으키는 사고 습관이 무엇인지 파악하고 나면 이를 다른 생각으로 대체할 수 있는 것이다. 예를 들어 '지난번의 내 실수는 나의 무능력을 입증한다'는 생각을 지속적으로 하고 있다면, '지난번 내 실수는 어디까지나 실수이고 난 내 능력으로 이를 만회할 수 있다'는 생각으로 대체함으로써 부정적 사고를 긍정적 사고로 털어내는 것이다. 이러한 연습을 되풀이하다 보면 이러한 긍정적 사고 습관이 지배적인 습관으로 바뀔 것이고 이러한 사고방식을 바탕으로 행동을 변화시킬 수 있게 되는 것이다.

인지 행동 치료는 불안증, 공황 상태, 우울증, 섭식 장애 등 다양한 정신 질환을 치료하는 데 활용된다. 구체적인 치료법으로는 부정적인 사고 일지 작성하기, 역할극 또는 일상생활의 한 부분을 새로운 방식으로 경험하기 등을 활용한다.

① 토론

• 토론 주제: 인지 행동 치료법 적용 사례

✎ 아래에 제시된 사례를 통해 노인들의 부정적 사고 패턴을 고찰한 후 인지 행동 치료법을 적용해 보
   도록 하겠습니다.

● **진행자 유의 사항**
– 이번 토론은 다음 ② 활동 항목에서 수행할 인지 행동 치료법 적용을 위한 기초 단계로서 사례를 통
   해 인지 행동 치료법의 적용을 연습하는 것이다.
– 〈참고 자료 8회기-1〉의 사례에 나타난 문제 상황을 제시한 후 기본적인 인지 행동 치료법의 적용
   단계를 참여자들에게 설명하면서 매 단계마다 참여자들의 반응을 부가적으로 도출한다. 이러한 참
   여자들의 반응들을 모아 두 번째 빈칸을 함께 작성해 본다.
– 표 작성이 끝난 후 이러한 사례들이 일상생활 속에 얼마든지 자리하고 있음을 강조하고 다음 항목
   에서 진행할 개인적인 사례들을 생각할 수 있도록 자극한다.

〈참고 자료 8회기-1〉 인지 행동 치료법 적용 사례

	사례 제시	참여자들의 의견
문제 상황	박철수 할아버지는 요새 무척 마음이 적적하다. 2년 전에 부인과 사별하고 큰딸 가족은 해외로 이민을 갔다. 작은딸은 시집 간 후로 자기 살기에 바쁘다 보니 통 연락이 뜸하다. 가끔 전화 한 통만 걸어 주어도 좋으련만…	
신체의 증상	소화불량, 불면, 화병	
정서/감정	분노, 섭섭함, 야속함, 슬픔	
자동적 생각	내가 무용지물이지	
인지적 왜곡	늙으면 죽어야지… 도대체 사는 낙이 없다.	
사고의 전환	또 내가 습관적으로 부정적 사고에 젖어 있었군. 나를 위해 좋은 생각을 해 버릇하자.	
긍정적 감정	딸에 대한 이해: 직장 다니고 아이 키우느라 바쁘니 전화도 잘 못하겠구나. 옆집 김노인네 자식들도 다 그렇다더라. 자식을 기를 때 추억을 되살리며 '우리 아이들은 본래 마음이 착하지'라고 회상한다.	
긍정적 생각	내가 무언가 자식들을 도와줄 일이 있을까 생각해 본다.	

② 활동

• 활동 주제: 자신의 부정적 사고 패턴 고찰 및 인지 행동 치료법의 적용

● **진행자 유의 사항**

– 각자 자신의 경험에 기반하여 부정적인 부분을 떠올린 후 〈참고 자료 8회기-2〉의 표를 작성해 보는 시간을 갖는다.

– 참여자 모두 개인적 표를 작성하게 한 후 한두 명의 참여자들이 전체적으로 자신의 사례를 발표하여 의견을 공유하고 피드백을 받도록 한다. 개인적 경험의 발표를 진행하기 전에 진행자는 참여자들에게 이러한 경험의 공유는 수업에 참여한 사람들끼리의 공유이므로 경험을 공개한 다른 분의 입장을 소중하게 여겨 가능한 이러한 내용이 수업 시간에 한해 공유되기를 바란다는 점을 주지시킨다.

– 가능하다면 진행자가 동일한 개인적 경험을 제시함으로써 참여자들이 보다 쉽게 마음을 열 수 있게 시도해 보는 것도 좋다.

– 다만 참여자 집단의 특성에 따라 개인적 내용을 발표하고 공유하는 것에 문제가 있다고 판단되면 개인적으로 작성하는 시간을 갖는다.

〈참고 자료 8회기-2〉 인지 행동 치료법 적용 연습

	나의 반응	타인의 피드백
문제 상황 진술		
신체 증상		
정서/감정		
자동적 생각		
인지적 왜곡		
사고의 전환		
긍정적 감정		
긍정적 생각		

(3) 정리

① 수업 정리

• 이번 시간에는 마음의 세 번째 시간으로 사고에 대해 살펴보았습니다.

② 과제

오늘의 과제는 다음 하루 동안 의식적으로 모든 사람과 사물에 대해 긍정적인 방식으로 이야기하는 것입니다. 즉, 어르신들이 부정적인 생각을 인식할 때마다 그것을 긍정적인 것으로 전환하는 노력을 해 보십시오.

③ 9회기 수업 안내

다음 시간에는 마음의 네 번째 시간으로 의지에 초점을 두어 수업이 진행될 것입니다.

> 행복한 삶은 지극한 만족감으로 충만한 상태가 아니다. 행복한 삶은 비극, 도전, 불행, 실패 그리고 후회까지도 껴안고 있다. 하지만 이런 상황에 우리가 어떻게 대처하느냐에 따라 불행해질 수도, 행복해질 수도 있다.
>
> 출처: 호가드, 리즈(2006). 『행복』(이경아 역). 서울: 예담. p.36.

■ **사전 준비**

· 테이블은 역시 원형으로 배치하고 토론 위주로 진행되므로 넓은 공간보다 조용하고 좁은 공간이 좋다.

■ **도입**

· 요가 매트를 참여자들과 함께 세팅하고 동작을 시작하면 동작별 효과에 대해서 설명해 주도록 한다.
· 안부 인사나 시사 주제에 대해 이야기 나눔으로써 도입을 자연스럽게 시작한다.
· 지난 회기 요약 및 소감, 감사 일지에 대해 자발적인 발표를 유도한다.
· 본 수업에 대해 동기 유발 질문 및 주제 개요를 설명한다.

■ **전개**

· 인지 행동 치료는 참여자들이 어려워하므로 참여자 매뉴얼의 예시를 반복해서 자세히 설명하도록 한다. 이때 감정, 사고, 행동과의 관계를 화이트보드에 그림으로 그려서 설명하는 것이 참여자들의 이해도를 높이는 데 효과적이다.
· 모든 참여자에게 인지 행동 치료를 적용하기보다 1~2가지의 분노 상황을 선정하여 적용하고 진행자가 강의식으로 알려주기보다 참여자들이 자동적 생각이나 인지 왜곡을 발견하여 긍정적 사고를 유도할 수 있도록 하는 것이 좋다.
· 분노 상황을 발표한 참여자가 자신의 부정적 사고나 인지 왜곡을 발견하지 못할 경우 집단의 다른 참여자에게 발견하여 발표하도록 하는 것도 효과적이다.

[인지 행동 치료 적용 실제 사례: ○○○ 님]
· 상황: 나는 수다스러운 편인데 남편은 대화할 때 내 말에 주의를 기울이지 않고 있다가 실컷 얘기하면 못 들었다고 다시 얘기하라고 한다.
· 감정: 짜증나고 화가 난다.
· 사고: 나를 무시하는 것 같다.

· 사고의 전환: 남자가 수다스러운 것보다 말이 없고 신중한 것이 오히려 낫다고 생각하
　　　　　　고 원래 그런 사람이니 포기할 건 포기하는 것이 내가 편해지는 길이라고
　　　　　　생각한다.
· 긍정적 감정: 마음이 편안하다.

■ 정리
· 강의 내용을 정리하고 토론 내용 중에 참여자들이 모두 공유하거나 인상 깊었던 주제를 강
　조하는 것도 좋다.
· 자신의 강점을 작성해 오는 과제를 부여하자 스스로 자신의 강점을 작성하는 것에 대해 어
　려워하여 외모, 성격 등 항목을 구분하여 찾아볼 수 있도록 권유하였다.

마음-의지

9회기 수업 개요

회기	9			
수업명	마음-의지			
수업 목표	노화의 장점 및 자신이 지닌 가치를 이해하고 감사하는 습관을 배양함으로써 보다 적극적으로 자신의 인생을 긍정적으로 변화시킬 수 있다.			
일시/장소	○○○사회복지관			
담당자	○○○			
단계	내용(교수 학습 활동)	방법	매체 및 준비물	시간
도입	· 과제 확인 · 동기 유발 질문 · 9회기 수업 개요 설명			5분
전개	노화의 장점	토론	매뉴얼 필기도구	45분
	휴식			10분
	· 자신이 지닌 가치 찾기 · 좋았던 일 떠올리기 · 긍정적 심상 찾기	활동	매뉴얼 필기도구	45분
정리	· 수업에 대한 정리 · 과제: 감사 일지 쓰기 · 10회기 수업 안내			5분

(1) 도입

① 과제 확인

– 사고 수업에서 부과된 긍정적 사고 전환 실습 과제를 확인한다.

② 동기 유발 질문

🎤 · 노화 과정과 관련하여 몸과 마음에 어떠한 변화가 나타나지요?

· 몸의 변화와 관련하여 좋은 점은 무엇이고 나쁜 점은 무엇인가요?

· 마음의 변화와 관련하여 좋은 점은 무엇이고 나쁜 점은 무엇인가요?

③ 수업의 개요 제시

🎤 오늘은 마음 파트의 마지막 시간으로 의지에 대해 이야기해 보도록 하겠습니다. 스트레스, 부정적 감정 및 사고를 긍정적으로 전환하여 일상생활에서 실제적으로 적용할 수 있는 방법들을 생각해 보도록 하겠습니다.

(2) 전개

① 토론

🎤 세월이 지나면서 더 나아진다고 평가받는 사물에는 무엇이 있을까요?

(예를 들어 포도주, 위스키, 치즈, 나무, 바이올린, 골동품 등)

마찬가지로 인간에게서도 이에 비견할 만한 장점이 있겠지요? 숙성된 위스키와 포도주의 맛이 보다 풍요롭고 부드럽고 깊은 것처럼 말입니다.

● **진행자 유의 사항**

– 참여자들이 자신의 경험에 비추어 나이 듦이 가져오는 가치와 장점을 발견할 수 있도록 〈참고 자료 9회기-1〉의 표를 작성해 본다.

〈참고 자료 9회기-1〉 나이 듦이 가져온 긍정적 변화들

문제 상황	과거(예를 들어 30년 전)	나이 들면서
배우자와 다툰 경우		
다른 사람이 나와 다른 의견을 이야기할 때		

- 〈참고 자료 9회기-2〉를 참고로 하여 자신과 타인의 경험을 통해 노화가 가져오는 일반적 장점들에 관해 이야기할 수 있도록 한다.

〈참고 자료 9회기-2〉 나이 듦이 가져오는 장점

(참여자 매뉴얼에는 빈칸이 있는 표로 제시한다.)

· 삶을 풍요롭게 해 준다.
· 젊은 시절의 경박함과 미숙함을 깊이와 성숙으로 바꾸어 준다.
· 장점은 개발하고 강화해 주며 바람직하지 못한 성격은 부드럽게 만들어 준다.
· 삶의 정신적·정서적·영적 측면을 고양해 준다.
· 생존의 이점과 힘을 선사한다.
· 과거로 연결하는 교량으로서 개인의 목소리와 권위를 높여 준다.

출처: 와일, 앤드류(2007). 『건강하게 나이 먹기』(권상미 역). 서울: 문학사상사. p.174.

② **활동**

• 활동 주제: 자신의 장점 찾기/좋았던 일 떠올리기/긍정적 심상 찾기

㉠ 자신의 장점 찾기

🎤 긍정적 사고를 통해 행복을 얻기 위해서는 우리 자신의 장점과 특성을 알아내고 활용하는 것이 중요합니다. 자신감을 가질 수 있는 근거는 바로 자신의 재능입니다. 그런데 특히 중년 이후 세대들은 어려서부터 문제를 지적받은 적은 많아도 대놓고 칭찬을 받아본 적은 별로 없으시죠? 그래서 자신을 칭찬하지 못하는 경우가 많습니다. 심지어 자신이 잘한 점이나 재능에 대해서도 드러내서 표출하는 것을 힘들어 합니다. 이 시간을 빌려 어르신들 자신이 얼마나 많은 장점들을 가졌는지 알아보도록 하겠습니다.

● **진행자 유의 사항**

– 참여자들이 자신의 장점을 말로 표현해 본 경험이 그리 많지 않을 것이기 때문에 참여자들이 이 시간을 어색하게 여기지 않도록 주의한다.

– 〈참고 자료 9회기-3〉의 장점들을 참조하여 풍부한 예를 제시해 줌으로써 인지 행동 참여자들이 자신의 장점을 구체적으로 떠올릴 수 있도록 자극한다.

– 〈참고 자료 9회기-4〉의 표를 이용하여 참여자 스스로 자신의 장점을 적을 수 있도록 시간을 주고 발표할 수 있도록 한다.

〈참고 자료 9회기-3〉 장점 서술의 예

· 나는 늘 웃음을 띠고 산다.
· 나는 목소리가 참 좋다.
· 나는 정리정돈을 잘한다.
· 나는 다른 사람의 얼굴을 잘 기억한다.
· 나는 전화번호나 이름을 잘 기억한다.
· 나는 낯선 일을 해 보거나 낯선 곳에 가 보는 것을 두려워하지 않는다.
· 나는 뭐든지 배우는 것을 잘한다.
· 나는 글을 잘 쓴다.
· 나는 여러 사람들이 모인 곳에서 분위기를 잘 띄운다.
· 사람들은 나를 편하게 생각한다.
· 나는 언술이 좋다.
· 나는 순발력이 좋다.
· 나는 다른 사람들을 잘 이해해 준다.

· 나는 창의적이다.

· 나는 매사에 융통성이 있다.

· 나는 어디에나 잘 적응한다.

· 나는 길을 잘 찾는다.

· 나는 뭐든지 잘 먹는다.

· 나는 어디에서나 잘 잔다.

· 나는 의리가 있다.

· 나는 노래를 잘 한다.

· 나는 다른 사람을 잘 도와준다.

· 나는 항상 친절하다.

· 나는 많은 유머를 가지고 있다.

· 나는 다른 사람들에게 그리고 나에게 관대하다

〈참고 자료 9회기-4〉 나의 장점들은…

·

·

·

·

·

·

·

·

● 차후 실천 과제

– 앞서 기술한 자신의 장점들을 떠올려 보고 지난 하루 혹은 지난 일주일 동안 내 재능을 잘 발휘한 일이 무엇인가 매일 생각해 본다.

– 주변 사람들의 재능을 인식할 때마다 칭찬하는 습관을 갖는다.

– 살면서 새롭게 얻게 되는 자신의 장점을 꾸준히 생각하고 기록한다.

ⓛ 좋았던 일 떠올리기

✎ 부정적인 경험들보다는 긍정적인 경험들을 지속적으로 떠올리는 것도 습관이 될 수 있습니다. 좋았던 일들을 떠올려 보는 습관은 행복을 키우는 데 매우 효과적일 것입니다. 지난 하루 동안의 좋았던 일들을 사소한 것들부터 찾아보도록 합시다.

● **진행자 유의 사항**
– 〈참고 자료 9회기–5〉를 참조하여 지나칠 수 있는 작은 부분이라도 좋았던 부분들을 찾을 수 있도록 안내한다.

┌───
│ 〈참고 자료 9회기–5〉 좋았던 일들의 사례

  · 날씨가 너무 좋아서 행복했다.
  · 슈퍼 직원이 너무도 친절하게 웃어주었다.
  · 오래간만에 반가운 친구로부터 전화를 받았다.
  ·
  ·
  ·
  ·
└───

● **차후 실천 과제**
– 좋았던 일을 떠올리는 것을 매일 습관화한다.

ⓒ 긍정적 심상 찾기

✎ 어르신들께서도 특정 순간이나 경험을 떠올리면 미소가 지어진다거나 웃음이 나오는 경우가 있으시죠? 반면 슬프거나 불안한 감정을 유발하는 순간이나 경험들도 있으시죠? 이번에는 긍정적 기분을 불러일으키는 개인적 심상이나 경험들을 찾아보도록 하겠습니다. 부정적 사고와 이미지를 떠올리지 않으려 노력하는 것보다 행복감과 안정감을 불러오는 긍정적 사고와 심상으로 이를 대체하는 훈련을 한다면 보다 긍정적 삶이 가능하겠죠?

● **진행자 유의 사항**

– 〈참고 자료 9회기-6〉을 참조하여 참여자들이 명상하는 자세로 긍정적 심상들을 충분히 이끌어 낼 수 있도록 자극한다.

– 경험에 기반하지 않더라도 자신이 꿈꾸는 무언가를 해 내는 순간의 시각적 이미지 등 이상적인 이미지도 괜찮음을 주지시킨다.

– 긍정적 심상을 떠올리는 데 도움이 되는 시각적 자료를 준비해서 참여자들에게 보여 준다.

〈참고 자료 9회기-6〉 긍정적 심상들

· 행복한 생일
· 좋아하는 신나는 노래를 흥겹게 부르는 모습
· 오래 전 친구들과 오래전 학교에서 만나는 모습
· 다시 가 보고 싶은 휴양지 장면
· 사랑하는 사람의 모습
· 자신이 닮고 싶은 사람
· 자신이 하고자 하는 일이 이루어진 날의 자신의 얼굴
· 누군가와 수다 떠는 모습
· 자신이 응원하는 스포츠 팀이 승리하는 장면
·
·
·

● **차후 실천 과제**

– 기분이나 감정을 우울하게 하는 시각적 기억이 의식에 침투할 때마다 안정과 행복을 느꼈던 장소의 이미지를 떠올리는 습관을 갖는다.

(3) 정리

① 수업 정리

이번 시간에는 마음의 네 번째 시간으로 의지에 대해 살펴보았습니다. 노화를 부정하지 말고 현실로 받아들이며 노화의 경험을 영적인 각성과 성장을 위한 자극으로 활용한다면 훨씬 건강한 삶이 되지 않을까요?

② 과제

오늘의 과제는 '감사 일지'를 작성해 보는 것입니다. 수첩을 꺼내 보거나 과거를 반추해 보면서 고마웠던 사람들을 떠올려 보시기 바랍니다. 처음에는 과거를 통틀어 감사 일지를 쓰고 점차적으로는 나날이 일상 속에서 고마운 사람들을 찾아보시기 바랍니다. 또한 더 나아가 고마웠던 사람에게 연락을 해 보거나 방문해 보는 것은 어떨까요?

③ 10회기 수업 안내

다음은 영성의 첫 번째 시간으로 인생의 의미에 초점을 두어 수업이 진행될 것입니다.

감사가 행복을 증진시키는 이유

1. 감사하게 생각하면 삶의 긍정적인 경험들을 더욱 음미할 수 있다.
2. 감사를 표현하면 자기의 가치와 자존감이 강화된다.
3. 감사는 스트레스나 정신적 외상에 대처하는 데 도움이 된다.
4. 감사의 표현은 도덕적인 행동을 촉진한다.
5. 감사는 사회적인 유대를 쌓고 기존의 관계를 강화하고 새로운 관계를 맺는 데 도움이 된다.
6. 감사를 표현하면 다른 사람과의 비교를 억제하는 경향이 나타난다.
7. 감사의 실천은 부정적인 감정과 공존하기가 어렵다.
8. 감사의 실천은 사람들이 자기의 삶에 주어진 좋은 것들을 당연하게 여기지 않게 해 준다.

출처: 류보머스키, 소냐(2008). 『How to be happy : 행복도 연습이 필요하다』(오혜경 역), 서울: 지식노마드.

■ 도입

· 지난 회기에서 부과된 분노 조절과 긍정적 사고 전환 실천 과제를 확인하여 잘 수행하였던 참여자에 대해서는 칭찬과 지지를 해 준다.

· 과제를 발표하게 할 때 처음에는 의사 표현에 적극적인 참여자를 선정하여 다른 참여자들의 참여를 유도한다.

· 다음 순서에 지장이 가지 않도록 과제 확인의 시간 배분에 유념해야 할 것이다.

· 본 회기에 대한 동기 유발 질문 및 개요 설명

■ 전개

· '자신의 장점'을 작성하거나 발표하게 할 때 한국 문화의 특성상 자신의 장점 이야기하기를 자기 자랑이라고 생각하여 기피할 수 있다. 이때 '외모에서 3개, 성격에서 3개, 생활 습관에서 3개' 등 구체적인 예시를 줄 수 있다.

· '자신의 장점'에 대해 미리 생각해 볼 수 있도록 미리 과제로 부여하는 방법도 가능하다.

· 참여자들이 작성한 참여자 매뉴얼을 살펴보아, 잘 작성하고 발표에 적극적인 참여자를 선정하여 먼저 발표하게 하면 다른 참여자들의 참여를 이끌 수 있을 것이다.

· 장점이 없다고 생각하는 참여자에게는 '상대방 칭찬하기'를 이용하여 다른 참여자들이 장점을 찾아주는 것도 좋은 방법이다.

· '긍정적 심상 찾기' 시 조용한 명상 음악을 들려주면 참여자들이 몰입하는 데 도움이 된다. 또한 긍정적 심상을 함께 나누게 하는 것도 좋은 방법이다.

■ 정리

· 2회기부터 매 회기 과제로 제시되는 '감사한 일 3가지 적어 오기'를 기반으로 감사 일지 쓰기 과제를 이해하고 원활히 작성할 수 있도록 한다.

10회기 수업 개요

회기	10			
수업명	영성-인생의 의미			
수업 목표	현재까지의 삶을 반추해 보고 인생의 의미를 구체적으로 생각해 봄으로써 자신의 영적 건강 상태를 스스로 점검해 볼 수 있다.			
일시/장소	○○○사회복지관			
담당자	○○○			
단계	내용 (교수 학습 활동: 진행자/참여자)	방법	매체 및 준비물	시간
도입	· 과제 확인 · 동기 유발 질문 · 10회기 수업 개요 설명			5분
전개	· 영성과 건강 · 내 삶의 이야기 · 나의 영적 건강 살펴보기 · 영성 훈련을 위한 방법들 · 개인적 인생의 의미와 목표의 변화	강의/ 토론	참여자 매뉴얼 필기도구	45분
	휴식			10분
	나의 영적 유산	활동		45분
정리	· 수업에 대한 정리 · 간단한 과제 · 11회기 수업 안내			5분

(1) 도입

① 과제 확인

– 의지 수업에서 부과된 감사 일지 과제를 확인한다.

② 동기 유발 질문

🎤 꽃과 나무, 살랑이는 바람과 굴러다니는 돌멩이 하나 등, 세상에 있는 모든 것들은 존재하는 목적이 있습니다. 어르신께서는 왜 이 세상에 태어났다고 생각하십니까?

③ 수업의 개요 제시

🎤 오늘은 영성에 관한 첫 시간으로, 인생에서 의미 있는 것들과 희망과 위안 그리고 마음의 평화를 주는 것들에 대해 이야기해 보도록 하겠습니다. 자신의 인생에서 중요했던 사람과 사물, 경험 등을 구체적으로 생각해 보고 그것들이 어떤 이유에서 중요했는지 스스로 살펴봄으로써 각자의 영적 건강 상태를 점검해 보도록 하겠습니다.

(2) 전개

① 강의 및 토론

㉠ 영성과 건강

영성은 우리 인생에 의미, 희망, 위안, 내적인 평화를 주는 원천으로 정의할 수 있다. 대다수의 사람들은 종교를 통해 자신의 영성을 찾고 추구하는 것으로 알려져 있다(Sutherland, Poloma & Pendleton, 2003). 그러나 혹자는 예술, 음악, 자연 및 가치관, 윤리 등에서도 영성을 발견한다. 이렇게 개인마다 영성을 추구하는 통로는 매우 다양하므로 학자들은 종교와 영성의 개념을 엄밀히 분리한다.

기존의 연구에 따르면 긍정적인 신념, 정서적인 위안, 종교에서 비롯된 힘, 명상, 기도

등이 치유와 웰빙에 기여하는 것으로 알려져 있다. 하지만 어떻게 영성이 건강과 관련을 맺는지는 아직 과학적으로 증명되지 않고 있다. 몸-마음-영성 간의 긴밀한 관계가 건강에 영향을 미칠 것이라고 추정하는 단계이다. 즉, 영적인 건강을 증진시키는 것이 질병을 완치시킨다고 말할 수는 없지만 그것이 감정의 순화에 도움을 주고, 질병을 예방하며, 병으로 인한 스트레스에 대처하는 데 유익한 것으로 알려져 있다.

● **진행자 유의 사항**
– 강의를 할 때에는 종교와 무관한 영성의 개념에 대해 가능한 짧고 명확하게 전달되도록 한다.
– 존재의 목적을 발견하고 삶의 의미를 구하는 것이 영성이라는 점을 참여자들에게 명확히 인식시킬 수 있도록 한다. 이를 위해 세상에 있는 모든 것들이 고유한 존재의 목적이 있다는 점을 주지시키고, 참여자들 스스로 "왜 내가 이 세상에 태어났는가"에 대해 진지하게 질문할 수 있도록 돕는다.
– 영성에 대한 이해에 기반해서 다음의 활동들이 가능하기 때문에 참여자들이 영성에 대하여 분명하게 인식할 수 있도록 돕는다.

ⓛ 내 삶의 이야기

자신의 영적 건강을 본격적으로 진단해 보기 전에, 〈참고 자료 10회기-1〉과 같이 '내 삶의 이야기'를 그려 봄으로써 지난 시간을 되돌아보도록 하겠습니다.

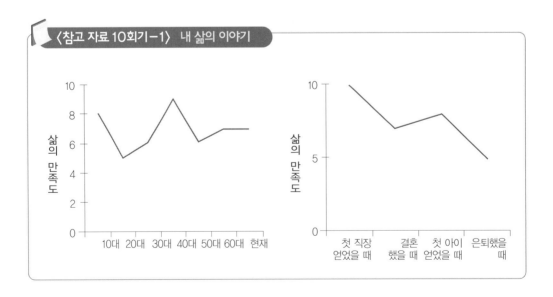

〈참고 자료 10회기-1〉 내 삶의 이야기

● 진행자 유의 사항

– 〈참고 자료 10회기-1〉에서 보여 주는 바와 같이 두 가지 형태의 예시를 참여자들에게 제시해 줌으로써 참여자들이 다양한 방식으로 자신의 삶을 돌아볼 수 있도록 돕는다.

– 첫 번째 예시에서 보여 주는 표는 10대, 20대, 30대, 40대, 50대, 60대, 현재 등 시간대 별로 참여자들이 스스로의 삶을 0에서 10까지 중에서 평가해 보는 것이고, 두 번째 예시에서 보여 주는 표는 참여자 스스로가 자신에게 중요한 사건들, 가령 자식이 첫 월급을 타서 빨간 내복을 선물해 주었을 때와 같은 사건을 좌표의 X축에 적게 하고 그 각각에 대해 얼마나 만족하고 행복하게 느꼈는지를 0부터 10까지 중에서 평가해 보는 것이다. 이러한 도표는 참여자로 하여금 자신의 인생을 시각적으로 한눈에 바라볼 수 있도록 할 것이다.

ⓒ 나의 영적 건강 살펴보기

✎ '내 삶의 이야기'에서 생각해 보았던 인생의 중요한 사건들을 바탕으로, 〈참고 자료 10회기-2〉의 질문들에 대답해 봅시다.

〈참고 자료 10회기-2〉 나의 영적 건강을 위한 질문

· 내 삶에 의미를 주는 것은 무엇인가?

· 내가 감사하다고 느끼는 것은 무엇인가?

· 나는 인생이라는 선물을 어떻게 받아들이는가?

· 마음의 평화를 찾기 위해 내가 정리하고 마음에서 놓아 주어야 할 것은 무엇인가?

· 나는 사랑에 관해 무엇을 배웠는가? 또 얼마나 열심히 사랑했는가?

· 나는 내가 현재 처한 고통에 어떻게 대처하고 있는가?

· 내가 마음을 열고 영성을 체험하는 데 도움을 줄 수 있는 것은 무엇인가?

· 죽어갈 때 내게 힘을 주는 것은 무엇일까?
　내게 힘을 주는 그것과 나는 어떤 관계인가?

· 내게 남은 날이 없다면, 지금 이 순간은 내게 어떤 의미가 있는가?

● 진행자 유의 사항

– 각 질문에 대해 스스로 답해 보는 시간을 짧게 준다.

– 서로의 경험과 의견을 나누는 과정은 참여자 각자가 자신의 내면을 바라보도록 도와주는 데 그 목

적이 있으므로, '갑' 어르신이 '을' 어르신보다 영적으로 건강하다는 식의 비교에 초점이 맞춰지지 않도록 주의한다.

㉣ 영성 훈련을 위한 방법들

✎ 개인마다 영성을 발견하고 추구하는 방법이 다르기 때문에 앞서 말씀드린 바와 같이 영적인 건강을 구체적으로 정의하는 것에는 어려움이 있습니다. 전문가들은 내적인 평화, 위안, 힘, 사랑 및 긍정적 관계를 얻을 수 있는 원천이 무엇인지를 개인 스스로가 먼저 파악하고, 영성을 촉진시키는 구체적인 방법들을 나날의 생활에 도입하고 실천할 것을 권고합니다. 영성 훈련을 위해 내가 할 수 있는 일은 어떤 것이 있을까요? 〈참고 자료 10회기-3〉에 예를 들어 보시기 바랍니다.

┌───┐
〈참고 자료 10회기-3〉 영성 훈련을 위한 방법들

(참여자 매뉴얼에는 빈칸이 있는 표로 제시한다.)

· 명상
· 일기 쓰기
· 봉사 활동
· 기도
· 성가
· 독서
· 등산
· 요가
· 운동
· 종교 서비스 참여(예: 제사, 예배, 미사, 법회 등)
└───┘

● **진행자 유의 사항**
– 영성을 촉진시키는 구체적인 활동에는 어떤 것들이 있을 수 있는지 〈참고 자료 10회기-3〉에 소개된 것들 가운데 한두 가지를 예로 들어주되, 질문을 던져 참여자들이 스스로 생각하고 다른 이들과 의견을 공유하게 함으로써 수업에 적극적으로 관여하게 한다.
– 참여자들이 생각하지 못한 방법들을 부가적으로 소개하여, 참여자가 스스로 영성을 계발하는 데 도움을 줄 수 있는 구체적인 활동의 범위를 넓혀 준다.

⑪ 개인적 인생의 의미와 목표의 변화

✎ 앞서 작성한 '내 삶의 이야기' 그림을 기억해 봅니다. 지난 시간들 혹은 경험한 사건들 가운데 1~2가지를 마음속에 떠올려 보십시오. 지금 마음속에 떠올린 그 시간 혹은 사건들이 어르신들의 인생에서 어떤 의미를 가지는지, 그 사건들로 인해 인생의 목표가 변화되었는지, 변화되었다면 어떻게 변화되었는지 〈참고 자료 10회기-4〉를 참조하여 구체적으로 적어 봅니다.

〈참고 자료 10회기-4〉 인생의 의미와 목표의 변화

(참여자 매뉴얼에는 한 가지 예를 제시하고 나머지는 공란으로 제시한다.)

· 내 인생의 주요 사건:
· 나의 반응:
· 인생의 의미:
· 인생 목표의 변화:

▶ 사례 1
· 내 인생의 주요 사건: 아들을 결혼시켰을 때
· 나의 반응: 부모로서 책임을 다했다는 생각과 아들이 더 이상 품 안의 자식이 아니라 내게서 완전히 떨어져 나간 느낌이 들었다.
· 인생의 의미: 내 삶에서 자식이 차지하는 부분이 얼마나 컸는지 새삼 깨닫게 되었다.
· 인생 목표의 변화: 자식만을 위해서 살았던 것에서 벗어나 나 스스로를 행복하게 할 활동들을 찾아 실천한다.

▶ 사례 2
· 내 인생의 주요 사건: 30년간 다닌 직장을 정년퇴임했을 때
· 나의 반응: 참 오랫동안 열심히 일했다. 아직 더 활동적으로 일할 수 있는 나이라고 생각되는데 일을 그만 두어야 하니 많이 서운하다.
· 인생의 의미: 내 생각과는 달리, 삶의 황혼기를 준비하도록 사회가 요구하는 시기라는 생각이 든다.
· 인생 목표의 변화: 젊은 사람들 못지않게 활동적으로 살면서 동시에 멋지게 늙을 수 있는 방법들을 찾아 실천해야겠다.

② 활동

• 활동 주제: 나의 영적 유산

✏️ 내 인생은 나에게 무엇을 주었고 나는 무엇을 남기고 싶은지 생각하는 시간을 갖도록 하겠습니다.
〈참고 자료 10회기-5〉에 있는 질문들을 참고하여 '나의 영적 유산'을 자유롭게 작성해 보도록 하겠습니다.

〈참고 자료 10회기-5〉 '나의 영적 유산' 주요 내용

· 내 기억 속에 남아 있는 가장 의미 있는 (중요한) 사람은? _____

· 나를 가장 사랑하고 아꼈던 사람은? _____

· 나는 _____ 에게 이 편지/메시지를 남긴다.

· 평생 내가 한 일은 _____ 이다.

· 내가 살아오면서 가장 행복했던 순간은?

_____

· 내가 살아오면서 가장 힘들었던 순간은?

_____

· 살면서 내가 가장 후회스럽게 생각하고 있는 일은?

_____

· 내가 정말 하고(갖고) 싶었지만 하지(갖지) 못한 일(것)은?

_____

· 나 스스로 평가하기에 내 삶은?

_____

· 인생에서 가장 보람을 느끼는 것(일)은?

· 내가 남길 수 있고 가장 남기고 싶은 유산은?

_____

· 내 비문에는 다음과 같은 글이 쓰이길 바란다.

_____

· 내가 죽고 나면 _____ 가 가끔 찾아와 주었으면 좋겠다.

● **진행자 유의 사항**

– 제시된 내용에 참여자들이 더 추가하고 싶은 부분이 있다면 추가할 수 있도록 한다.

– 〈참고 자료 10회기-5〉는 '나의 영적 유산'을 좀 더 쉽게 작성하는 데 도움이 되는 질문으로, 참여자들이 형식에 얽매이지 않고 자유롭게 서술하도록 유도한다. 참여자가 원한다면, 특정 대상을 정해 편지 형식으로 쓰도록 돕는다.

(3) 정리

① 수업 정리

이번 시간은 영성의 첫 번째 시간으로 인생의 의미에 대해 살펴보았습니다. 차분히 자신의 내면을 들여다보고, 좋은 것이든 나쁜 것이든 자신의 것으로 받아들이고 인정하는 자세로 영적인 건강을 돌볼 수 있다는 사실을 기억해야겠습니다.

② 과제

오늘의 과제는 '나의 영적 유산'을 마무리하는 것입니다. 이 활동을 통해 내면을 조용히 들여다보는 시간을 가지시기 바랍니다.

③ 11회기 수업 안내

다음 시간에는 영성의 두 번째 시간으로 관계와 돌봄에 초점을 두어 수업이 진행될 것입니다.

■ 도입

· 영성의 개념에 대해 참여자마다 달리 이해할 수 있으므로, 주 진행자는 유의 사항을 숙지하여 참여자가 이해하기 쉽도록 명확하고 간결하게 설명하는 것이 필요하다.

■ 전개

· 내 삶의 이야기 〈참고 자료 10회기-1〉의 인생 만족도 곡선은 주 진행자가 먼저 칠판에 예시를 제시하고 설명해 주는 것이 참여자의 이해를 도울 수 있다.

· 내 삶의 이야기 〈참고 자료 10회기-1〉의 인생 만족도 곡선을 그릴 때, 일부 어려워하는 분이 있으므로, 보조 진행자는 참여자에게 개별적으로 도움을 주는 것이 필요하다.

· 나의 영적 유산 〈참고 자료 10회기-5〉는 참여자에게 한두 문항을 선택하도록 하여, 참여자 모두 발표하게 하는 것도 수업 참여도를 높이는 좋은 방법이 될 수 있다.

[나의 영적 유산의 실제 사례]

· 내 기억 속에 남아 있는 가장 의미 있는 중요한 사람은?

"저에게 가장 의미 있고 소중한 분은 우리 친정어머니입니다. 제가 막내거든요. 절 늘 안쓰러워 하셨어요."

· 내 비문에 다음과 같은 글이 쓰이길 바란다.

"제가 비문에 새기고 싶은 얘기는 어머니, 아버지로부터 지식을 받고, 덕을 많이 본받아라. 그리고 몸을 튼튼히 해라, 마지막으로 베풀어라, 그리고 너희가 더러 아버지 생각이 나면 찾아오너라."

· 내가 남길 수 있고 가장 남기고 싶은 유산은?

"귀여운 손자녀들아. 나도 60여 년을 살아오면서 우여곡절이 있었지만 열심히 살다보니 그런 대로 성공한 삶을 살았다고 생각하고 싶구나. 너희들도 긍정적으로 살다 보면 행복은 찾아오는 법, 꿋꿋하게 자신감을 갖고 살라는 말을 할아버지가 유산으로 남기고 싶구나."

· 나는 _____ 에게 이 편지를 남긴다.

"○○○과 ○○○에게. 멀리 있다 보니 너희에게 외할머니가 어린 시절 추억을 만들어 주지 못해 미안하구나. 살아가다 보면 지금보다 몇 배 더 힘든 일도 많을 테지만, 나중에 만나 지난 이야기하며 함께 웃자. 노력하다 보면 안 될 일은 없단다. 노력은 성공의 어머니란다."

■ 정리

· 내 삶의 이야기 〈참고 자료 10회기-1〉의 인생 만족도 곡선에서 현재 삶의 만족도 점수가 현저히 낮은 참여자의 경우에는, 해결 중심이나 강점 접근을 통해 긍정적 자아를 갖도록 참여자와 개별 상담을 하거나 또는 집단 내부에서 칭찬하기, 장점 찾아주기를 통해 집단 지지를 이끌어 낼 수 있다.

※ 내 삶의 이야기 〈참고 자료 10회기-1〉의 인생 만족도 곡선은 〈1회기-자기소개〉 앞부분으로 가져갈 수 있다. 이는 주 진행자가 참여자의 현 만족도와 행복 상태에 대한 사전 정보를 파악하여, 차후 적절히 개별 대응하는 데 도움을 줄 수 있다.

11회기 영성-관계와 돌봄

11회기 수업 개요

회기	11			
수업명	영성-관계와 돌봄			
수업 목표	관계의 중요성을 이해하고, 다른 사람들을 위해 할 수 있는 일들을 계획하고 실천함으로써 일상생활에서 삶의 의미와 희망 그리고 위안을 얻을 수 있는 능력을 향상시킬 수 있다.			
일시/장소	○○○사회복지관			
담당자	○○○			
단계	내용(교수 학습 활동: 진행자/참여자)	방법	매체 및 준비물	시간
도입	· 과제 확인 · 동기 유발 질문 · 11회기 수업 개요 설명			5분
전개	사회적 관계와 돌봄의 중요성	강의	참여자 매뉴얼	5분
	· 나의 개인적 · 사회적 관계의 역사 · 나의 관계 되돌아보기	활동/ 토론	참여자 매뉴얼 필기도구	40분
	휴식			10분
	· 관계에 투자하는 전략 · 돌봄의 경험 나누기	토론	참여자 매뉴얼 필기도구	45분
정리	· 수업에 대한 정리 · 과제: '나의 친절' 계획표 · 12회기 수업 안내			5분

(1) 도입

① 과제 확인

– 인생의 의미 수업에서 부과된 '나의 영적 유산' 실습 과제를 확인한다.

② 동기 유발 질문

🎤 주변 사람들과의 관계가 어르신의 삶에서 얼마나 중요한가요?
　　또한, 주변 사람들과의 관계는 어르신께 어떤 의미가 있나요?

③ 수업의 개요 제시

🎤 오늘은 영성에 관한 두 번째 시간으로 관계와 돌봄에 대해 얘기해 보도록 하겠습니다. 도움을 주고
　　받는 행위들을 구체적으로 계획하고 실천하는 것을 통해 우리의 삶을 보다 긍정적으로 변화시키는
　　연습을 해 보도록 하겠습니다.

(2) 전개

① 강의: 사회적 관계와 돌봄의 중요성

노년기는 직장에서 은퇴나 자녀의 독립, 배우자나 가장 가까운 친구의 죽음 등을 경험
하게 되는 생애 과정으로 이와 같은 사건들은 노인이 맺고 있는 사회적 관계를 점점 축소
시킨다. 남을 돕고 배려하는 행위는 축소되는 노년기의 사회적 관계를 새로이 형성, 유지,
발전시킬 수 있는 방법이다.

이타적 행위에 대한 많은 연구들은 남을 돕는 행위가 행복을 가져온다는 것을 보여 준
다. 남을 돕는 행위는 스스로를 이타적이며 자비심 있는 사람으로 생각하도록 하며, 이렇
게 새로워진 정체성은 자신감, 낙관주의, 자신이 유용한 존재라는 느낌을 강화시켜 줄 수
있다(Piliavan, 2005; Hitlin, 2007). 또한 남을 돕고 배려하는 행위는 자신의 능력, 수완, 전문성

을 부각시켜 주며, 스스로 삶을 통제하고 있다는 느낌을 가지게 한다. 이것은 삶이 의미 있고 가치 있다는 느낌을 강화시켜 줄 수 있다(Midlarsky, 1991).

그 밖에도 남을 돕는 행위를 통해 새로운 기술을 배우거나 숨겨진 재능을 발휘할 수도 있다. 예를 들어 아이들을 돌보는 재능이 드러나면서 가르치는 자질을 발견하거나 병원일을 배움으로써 또 다른 숨겨진 재능을 계발할 수도 있다(Lyubomirsky, 2008: 240-241).

② 활동

㉠ 나의 개인적 · 사회적 관계의 역사

🖋 배우자와 자식, 친구, 속해 있는 종교 단체나 사회단체, 취미 활동 모임 등 어르신들의 삶 속에 자리 잡고 있는 사람들과 모임 혹은 공동체를 생각해 보십시오.
어르신께서는 이들과의 관계가 중요하다고 느끼십니까?
얼마나 중요하다고 생각하시는지요?

● **진행자 유의 사항**
– 참여자가 주변 사람과의 관계의 중요성을 스스로 인식하게 하는 것이 이 활동의 목적이다. 따라서 아래의 관계도 그리기를 하기 전에 참여자들이 각자가 가진 관계들에 대해 얼마나 중요하게 여기면서 살아왔는지 혹은 현재 얼마나 중요하게 생각하는지에 대해 간단하게 의견을 나눌 수 있도록 지도한다.

🖋 앞에서 관계에 대한 간단한 토론을 진행했는데요. 토론 가운데 생각난 어르신의 주변 분들을 중심으로 해서, 〈참고 자료 11회기–1〉에 제시된 사례를 참고한 후 나의 일상생활을 구성하는 개인적, 사회적 관계들을 그림으로 그려 보고, 각각의 관계가 시간이 지나면서 어떻게 변화해 왔는지 생각해 보는 시간을 갖도록 하겠습니다.

〈참고 자료 11회기-1〉 '나의 관계도'의 사례

72세의 박점순 할머니는 14년 전에 남편과 사별하고 슬하에 1남 2녀를 두었습니다. 자녀들은 모두 출가하여 가정을 이루고 있고, 아들과 딸은 물론 며느리와 사위들 그리고 손자들과 좋은 관계를 맺고 있습니다. 한 가지 아쉬운 점은 바쁜 큰 사위와 다 커서 자기 일에 바쁜 큰 외손자들을 자주 볼 수 없다는 것입니다. 박점순 할머니는 3명의 오랜 친구들과 보내는 시간이 정말 즐겁습니다. 한 달에 한 번씩 성당에서 노숙자들을 위해 밥을 나눠주는 일도 참 즐겁습니다. 하지만 만성 류머티즘 때문에 병원에 자주 가야 하기 때문에 즐거운 봉사 일을 자주 할 수 없습니다. 가끔 노인 요가를 배우러 노인정에도 나가는데 이런저런 잘난 체에 침이 마를 사이 없는 몇몇 할머니들 때문에 요가 시간이 끝나면 집에 바로 돌아옵니다.

▶ 관계도

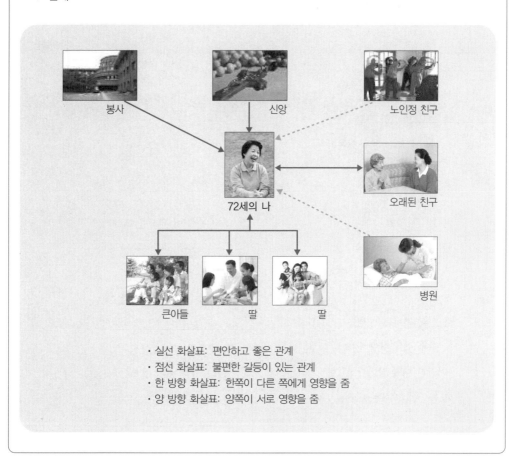

- 실선 화살표: 편안하고 좋은 관계
- 점선 화살표: 불편한 갈등이 있는 관계
- 한 방향 화살표: 한쪽이 다른 쪽에게 영향을 줌
- 양 방향 화살표: 양쪽이 서로 영향을 줌

● **진행자 유의 사항**

– 이 활동의 목적은 '혼자 사는 세상이 아니라 함께하는 삶'이라는 점을 참여자에게 상기시키고, 크고
작은 공동체의 일원으로서 더불어 함께하는 삶 속에서 인생의 의미를 찾을 수 있도록 돕는 것이다.
이 점을 염두에 두고 가족 관계뿐만 아니라 친구 관계, 지역 사회와의 관계, 속해 있는 공동체와의
관계 등으로까지 생각을 확장시킬 수 있도록 유도한다.

〈읽을거리〉

'나의 관계 되돌아보기'에 관한 토론에 앞서 다음의 시를 교육자가 읽어 주거나 참여자 가운데 한 명이
낭독하게 하면서 자신의 관계에 대해 차분히 생각을 정리해 보는 시간을 갖는다.

그 사람을 가졌는가

함석헌

만리길 나서는 길
처자를 내맡기며
맘 놓고 갈 만한 사람
그 사람을 그대는 가졌는가?

온 세상 다 나를 버려
마음이 외로울 때에도
'저 말이야' 믿어주는
그 사람을 그대는 가졌는가?

잊지 못할 이 세상을 떠나려고 할 때
'저 하나 있으니' 하며
빙긋이 웃고 눈을 감을
그 사람을 그대는 가졌는가?

탔던 배 꺼지는 시간
구명대 서로 사양하며
'너만은 제발 살아다오' 할
그 사람을 그대는 가졌는가?

온 세상의 찬성보다도
'아니'라고 머리 흔들 그 한 얼굴 생각에
알뜰한 유혹을 물리치게 하는
그 사람을 그대는 가졌는가?

ⓛ 나의 관계 되돌아보기

🎤 앞서 그린 관계도를 바탕으로 〈참고 자료 11회기-2〉의 질문들에 대해 어르신들이 경험했거나 평소 가지고 계셨던 생각을 나눠 보도록 하겠습니다.

〈참고 자료 11회기-2〉 나의 관계 되돌아보기

· 당신은 마음을 나눌 누군가가 있습니까?
· 당신은 주변 사람들을 위해 뭔가 하고 있습니까?
· 과거와 비교하여 관계들이 변화하였습니까? 어떻게 변화되었습니까?
· 맺고 계신 관계들에 대해 어떻게 느끼십니까?
· 현재의 관계들을 보다 풍요롭게 만들기 위해 당신이 할 수 있는 일들은 무엇일까요?

● 진행자 유의 사항

- '나의 관계 되돌아보기'는 참여자가 자신의 개인적, 사회적 관계들을 구체적으로 살펴보고 보다 긍정적인 관계로 발전시킬 수 있는 방법들을 스스로 생각해 보도록 하는 데 그 목적이 있다. 참여자들이 앞서 활동 시간에 그린 '나의 관계도'를 토론에 적극 활용할 수 있도록 돕는다.
- 관계에 대한 토론은 가족이나 친구 관계에만 국한되지 않도록 유의하고 지역 사회 및 공동체와의 관계에 대한 토론도 균형 있게 이루어지도록 하여 자연스럽게 다음 토론 주제와 연결되도록 한다.

③ 토론

㉠ 관계에 투자하는 전략

🎤 이번 시간에는 앞서 살펴본 관계들과 앞으로 새로이 만들어질 관계들을 보다 긍정적으로 발전시키기 위해 내가 할 수 있는 일들을 〈참고 자료 11회기-3〉에서 생각해 보겠습니다.

(참여자 매뉴얼에는 빈 칸으로 제시)

• **시간을 내라.**
‒ 일정한 시간을 규칙적으로 같이 보낸다.
‒ 같이할 활동들을 의논하여 정해 둔다.

• **진솔한 소통을 하고 애정을 표현하라.**
‒ 비난이나 채근, 설교와 같이 부정적인 말을 삼가되 상대방에 대해 느끼는 불만에 대해서는 정직하고 담백하게 말한다.
‒ 상대방에게 느끼는 감정에 대해서도 부끄러워하지 말고 적절한 때에 놓치지 않고 표현한다.

• **행운을 활용하라.**
‒ 상대방의 좋은 소식에 무심하거나 질투어린 반응을 하지 않고 같이 충분히 기뻐해 준다.
‒ 상대방의 사소한 일에도 흥미를 표현하고 일의 진행 상태를 물어보는 등 적극적으로 반응한다.

• **갈등을 조절하라.**
‒ 상대방과 불편한 분위기가 되었을 때 상대방이 화해를 하려는 눈치를 무시하지 않는다.
‒ 불편한 분위기가 악화되기 전에 우호적인 유머를 구사하여 갈등의 분위기를 누그러뜨린다.

출처: 류보머스키, 소냐(2008). 『How to be happy: 행복도 연습이 필요하다』(오혜경 역).
서울: 지식노마드. (수정 및 보완)

● **진행자 유의 사항**
‒ 류보머스키(Lyubomirsky)가 제시한 관계에 투자하는 전략들 각각을 참여자들이 구체적으로 어떻게 실천할 수 있을지 경험과 생각들을 스스로 나눌 수 있도록 돕는다.

ⓒ **돌봄의 경험 나누기**

✎ 〈참고 자료 11회기-4〉에 제시된 질문들을 이용하여 타인을 위해 내가 했던 친절한 행동의 경험을 다른 분들과 나누어 보도록 하겠습니다.

<참고 자료 11회기-4> 돌봄의 경험 나누기

· 다른 사람을 위해 친절한 행동을 한 경험이 있습니까? 어떤 것이었습니까?

· 그 경험을 했을 때 어떤 기분이 들었습니까?

· 다른 사람을 위해 어떤 친절한 행동을 할 수 있을까요?

· 타인을 위한 친절한 행동을 했을 때 어떤 점이 좋을까요? 또한, 무엇 때문에 타인을 위한 친절한 행동을 하기 어려울까요?

● 진행자 유의 사항

– 이타적 행위의 경험은 자원봉사 활동이나 기부 활동 같은 거창한 활동뿐만 아니라 지정된 장소가 아닌 곳에 버려진 휴지를 주워서 쓰레기통에 버린다거나 길을 알려주는 것과 같은 작은 친절한 행동들도 해당됨을 강조한다. 즉, 타인을 위한 친절한 행동이 작고 사소한 것에서부터 출발한다는 인식을 심어 주는 것이 중요하다.

(3) 정리

① 수업 정리

이번 시간에는 영성의 두 번째 시간으로 개인적, 사회적 관계와 돌봄에 대해 살펴보았습니다.

② 과제

오늘의 과제는 '나의 친절' 계획 세우기입니다. <참고 자료 11회기-5>를 참고하여 타인에게 친절을 베풀 구체적인 계획을 세워 보시기 바랍니다.

<참고 자료 11회기-5> '나의 친절' 계획표

나의 일주일 친절 계획				
도움을 줄 대상	실천 내용	시간	장소	참고 사항
가족	당직하는 아들과 며느리를 위해 손녀를 하루 돌봐주기	토요일 오전 9시부터 오후 3시까지	집	출근하기 전에 손녀 데려다 놓고 가라고 금요일에 다시 말하기
친구	암 투병 중인 친구와 그의 남편을 위해 반찬 한 가지 해 주기	수요일 오전	집	월요일에 미리 전화해서 수요일에 언제 집에 있는지 확인하기
지역 사회	내가 할 수 있는 자원봉사 활동이 있는지 알아보기	월요일		집 근처 복지관이나 병원에 전화로 문의할 것

③ 12회기 수업 안내

다음 시간에는 영성의 세 번째 시간으로 용서와 화해라는 주제로 수업이 진행될 것입니다.

실천 가이드

■ 도입

· 안부 인사 및 간단한 주제를 공유함으로써 수업과 토론에 임할 준비를 한다.

· 이전 회기에 대하여 소감을 나눈다.

· 수업의 이해도를 향상시키기 위해 사회적 관계의 중요성에 대하여 설명한다.

■ 전개

· 관계 되돌아보기와 생태도 그리기는 함께 진행할 수 있다.

· 생태도 작성 시 진행자가 먼저 자신의 생태도를 만들어 시범을 보이고, 보조 진행자가 개인 별로 조력한다.

· 생태도를 작성하면서 돌봄 경험 나누기를 자연스럽게 함께할 수 있다.

· 참여자의 관계가 좋지 못한 경우 관계 투자 전략을 참여자끼리 공유할 수 있도록 하는 것도 좋다.

· 생태도를 작성하는 것이 참여자에게 어려운 일이 될 수 있으므로 작성하는 데 너무 많은 시간을 소요하지 않도록 주의하는 것이 좋다.

· 생태도 작성과 토론 발표의 시간 분배를 적절히 할 수 있도록 주의가 요구된다.

· 생태도상의 좋지 못한 관계에 대해서는 다음 회기 과제인 용서와 화해의 대상으로 자연스럽게 연결해 주는 것이 좋다.

■ 정리

· 참여자들의 주제에 대한 다양한 의견을 존중해야 하고, 이해를 돕기 위해 요약해 주는 것도 좋다.

영성-용서와 화해

12회기 수업 개요

회기	12			
수업명	영성-용서와 화해			
수업 목표	진정한 용서와 화해의 개념을 이해하고 구체적인 실천 방법 및 절차들을 연습해 봄으로써 마음속의 오랜 상처들을 흘려보내고 진정한 마음의 평화를 얻을 수 있다.			
일시/장소	○○○사회복지관			
담당자	○○○			
단계	내용(교수 학습 활동: 진행자/참여자)	방법	매체 및 준비물	시간
도입	· 과제 확인 · 동기 유발 질문 · 12회기 수업 개요 설명			5분
전개	용서란 무엇인가	강의	참여자 매뉴얼	5분
	· 용서할 준비가 되었는가 · 용서를 실천하기 위한 방법들	토론	참여자 매뉴얼 필기도구	40분
	휴식			10분
	· 사랑과 친절 명상법 · 용서와 화해를 위한 영성 일기 쓰기	활동		45분
정리	· 수업 정리 · 과제: 용서와 화해 실천하기 · 13회기 수업 안내			5분

(1) 도입

① 과제 확인

– 사회적 관계와 돌봄 시간에 부과된 '나의 친절' 계획표 실습 과제를 확인한다.

② 동기 유발 질문

🎤 지난 시간에 다 함께 각자의 관계도를 작성해 보았는데요. 어르신들 마음속에 혹시 서먹한 관계가 아직 남아 있으신가요?

③ 수업의 개요 제시

🎤 오늘은 영성에 관한 세 번째 시간으로 용서와 화해에 대해 이야기해 보도록 하겠습니다. 살면서 용서하지 못했던 대상을 어떻게 마음으로 용서하고 그것을 어떻게 표현할 수 있는지 의견을 나눠 보도록 하겠습니다.

(2) 전개

① 강의: 용서란 무엇인가?

'용서'란 나에게 상처를 준 사람에게 동정심과 자비심, 사랑을 베풀어 줌으로써 가해자에게 가질 수 있는 분노와 원한의 감정을 극복하는 것이다(North, 1987). 용서와 관련하여 중요한 점은 용서하는 행위가 선택이라는 점이다. 옳고 그름을 판단하는 것과 자비를 베푸는 것 사이에는 갈등이 있을 수 있다. 용서하는 행위가 이 갈등을 반드시 해결해 주지는 않기 때문에 성급한 용서의 결심은 오히려 심리적 건강을 해칠 수 있다(Enright, 2001). 그러나 '용서' 연구의 대가인 파가먼트(Pargament, K., 1997)에 의하면, 용서가 선택의 문제이기는 하지만 용서하는 행위를 통해 내면적인 평화와 사회적 관계에서의 평화를 얻을 수 있다.

② 토론

㉠ 용서할 준비가 되었는가

🎤 지난 시간에 그렸던 관계도를 펼쳐 보십시오. 마음속에 여전히 서먹한 채로 남아 있는 관계가 있나
   요? 서먹한 관계에 대해서 〈참고 자료 12회기-1〉의 진술에 얼마나 동의하는지 생각해 보면서, '나
   는 ○○를 용서할 준비가 되었는가'에 대해 스스로 질문해 보는 시간을 갖도록 하겠습니다.

▌〈참고 자료 12회기-1〉 용서를 위한 질문

· '나는 용서할 준비가 되었는가'
· 나는 그 사람이 응분의 대가를 치르게 만들겠다.
· 나는 그 사람이 상처를 받고 비참해지는 모습을 보고 싶다.
· 나는 그 사람이 존재하지 않는 듯 내 주위에 없는 것처럼 무시하며 지낸다.
· 나는 우리 사이의 거리를 가능한 한 멀게 유지한다.

출처: 류보머스키, 소냐(2008). 『How to be happy: 행복도 연습이 필요하다』(오혜경 역).
서울: 지식노마드.

● 진행자 유의 사항
- 지난 시간에 그렸던 '관계도'를 떠올려 보게 하면서 용서를 위한 대상을 설정하도록 유도한다.
- 〈참고 자료 12회기-1〉에 제시된 진술들을 교육자가 천천히 읽어 주면서 참여자가 스스로 설정한
  대상에 대해 각각의 진술들을 생각해 보도록 한다.
- 참여자 가운데 지원자를 중심으로 자신이 설정한 용서의 대상에 대해 어떻게 느끼는지 그리고 스
  스로가 생각하기에 얼마나 용서할 준비가 되었는지를 얘기해 보도록 유도한다.

🎤 이번에는 용서할 준비가 되었는지 아닌지에 따라 구체적으로 어떻게 다음 단계로 넘어갈 수 있을
   지 〈참고 자료 12회기-2〉에 제시된 지도를 이용해 서로 이야기 나누어 보도록 하겠습니다.

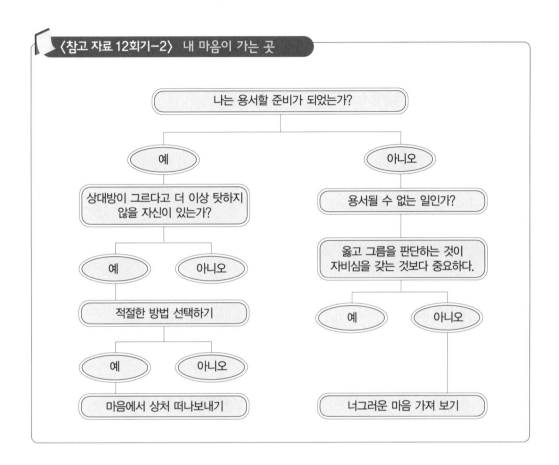

〈참고 자료 12회기-2〉 내 마음이 가는 곳

- 나는 용서할 준비가 되었는가?
  - 예
    - 상대방이 그르다고 더 이상 탓하지 않을 자신이 있는가?
      - 예 / 아니오
      - 적절한 방법 선택하기
        - 예 / 아니오
        - 마음에서 상처 떠나보내기
  - 아니오
    - 용서될 수 없는 일인가?
    - 옳고 그름을 판단하는 것이 자비심을 갖는 것보다 중요하다.
      - 예 / 아니오
      - 너그러운 마음 가져 보기

● **진행자 유의 사항**

– 참여자가 용서나 화해를 반드시 해야 한다는 부담을 갖지 않도록 주의하고 수업의 내용이 용서와 화해를 강요하지 않도록 유의한다.

– 이 수업을 통해서 용서나 화해가 선택의 문제라는 점을 참여자에게 주지시킨다. 다만 어느 쪽을 선택하든지 편안한 마음을 가질 수 있도록 해야 함을 강조한다.

용서를 실천하기 위한 방법들'에 대한 토론을 하기 전에, 아래의 시를 교육자 혹은 참여자 한 명이 낭독하면서 마음을 차분하게 가질 시간을 갖는다.

나는 소망합니다

헨리 나웬

나는 소망합니다.
내가 모든 이에게 꼭 필요한 존재가 되기를.

나는 소망합니다.
한 사람의 죽음을 볼 때 내가 더 작아질 수 있기를.
그러나 나 자신의 죽음이 두려워 삶의 기쁨이 작아지는 일이 없기를.

나는 소망합니다.
내 마음에 드는 사람에 대한 사랑 때문에 마음에 들지 않는 사람들에 대한
사랑이 작아지지 않기를.

나는 소망합니다.
다른 이가 나에게 주는 사랑이 내가 그에게 주는 사랑의 척도가 되지 않기를.

나는 소망합니다.
언제나 남들에게 용서를 구하며 살기를.
그러나 그들의 삶에는 내 용서를 구할 만한 일이 없기를.

나는 소망합니다.
언제나 나의 한계를 인식하며 살기를.
그러나 내 스스로 그런 한계를 만들지 말기를.

나는 소망합니다.
모든 사람들이 언제나 소망을 품고 살기를.

ⓛ 용서를 실천하기 위한 방법들

🎤 용서는 가장 실천하기 어려운 것입니다. 그렇지만 용서를 통해 많은 것들을 얻을 수도 있습니다. 〈참고 자료 12회기-3〉에 제시된 것들 가운데 몇 가지를 실천해 보고 자신의 느낌과 경험을 다른 분들과 이야기 나누는 시간을 갖도록 하겠습니다.

〈참고 자료 12회기-3〉 용서를 실천하기 위한 방법들

(참여자 매뉴얼은 빈칸으로 제시)

용서를 어떻게 실천할 것인가

- 내가 용서받았던 경험을 떠올려 보기
  - 용서받았을 때 나는 어떻게 느꼈나?
  - 나를 용서해 준 사람은 왜 나를 용서했나?
  - 용서받음으로써 나는 무엇을 깨달았나?
  - 나는 용서받았는데 왜 나는 상대방을 용서하지 못하는가?
- 내가 용서했던 경험을 떠올려 보기
  - 나는 왜 용서했나?
  - 용서하고 나서 나는 기분이 어떠했나?
  - 용서함으로써 내가 배운 것은 무엇이었나?
- 상대방의 입장에서 생각해 보기
  - 다른 사람들이 이해하기 어려웠던 나의 행동은 없었나?
  - 내가 오해해서 스스로 만든 상처는 아닌가?
- 용서하는 편지 써 보기

● **진행자 유의 사항**

- 위의 내용 가운데 2~3가지를 택하여 참여자들 간의 토론이 활발하게 이루어지게 하고, 나머지 방법들에 대해서도 소개하도록 한다.

③ 활동

㉠ 사랑과 친절 명상법

✏ 명상은 자신이 되는 것, 그리고 자신이 누구인가에 대해 무언가 알기 위해 노력하는 행위입니다. 명상은 당신이 싫든 좋든 삶이라는 길 위에 있음을 깨닫게 하고, 삶의 방향과 목적지가 있으며 지금 이 순간 일어나는 일이 다음 순간에 일어나는 일에 영향을 미친다는 것을 깨닫도록 도와줍니다. 지금 이 시간에 우리가 할 사랑과 친절 명상법은 마음속의 크고 작은 상처로부터 우리 자신과 우리 마음속에 있는 사람들을 치료하고, 평화와 행복에 이르게 할 수 있도록 도와줄 것입니다.

● **진행자 유의 사항**
- 명상에 앞서, 참여자들 각자가 편안하게 느끼는 자세를 취하도록 하고, 눈을 감고 큰 숨을 충분히 쉴 수 있도록 유도한다.
- 진행자는 〈참고 자료 12회기-4〉를 참조하여, 사전에 이 명상법의 순서를 충분히 익혀서 참여자들의 속도에 맞추어 일련의 순서들이 빠르지 않게 진행되도록 한다.
- 지도하는 목소리 톤은 다소 낮고 운동 구령처럼 크지 않게 하여 참여자들이 편안하게 느낄 수 있도록 유의한다.

〈참고 자료 12회기-4〉 사랑과 친절 명상법

우리의 분노(anger)를 더 깊은 자비와 지혜로 바꿔주는 명상

편안한 자리에 가부좌를 하고 앉거나
자리에 편하게 누워서 명상을 시작합니다.

천천히 숨을 깊게 들이쉬고 내쉽니다.
들이쉬고
내쉬고
들이쉬고
내쉬고
숨결이 안정되면

제일 먼저
가장 아름다운 사랑과 친절의 치유 에너지를
자신에게 보냅니다.
자신을 연보랏빛 치유의 에너지로 감싸는 상상을 하며
그 좋은 에너지 속에 머뭅니다.

이제
여러분이 상처를 준 사람에게 용서를 구하며
가장 아름다운 사랑과 친절의 연보랏빛 에너지로 그를 감싸줍니다.

충분히 에너지를 준 후
여러분에게 상처를 입힌 사람을 떠올리며
그 사람에게 똑같은 치유 에너지를 보내서 감싸줍니다.

이것은 쉬운 일이 아닙니다.
그러나
여러분이 상처 입힌 사람에게 용서받았듯이
여러분에게 상처 입힌 사람도 용서해 보도록 시도해 보십시오.

충분히 그와 머문 후에
이 에너지를 전 지구로
전 우주로 확장시키면서
그들을 다 끌어안습니다.

충분히 사람의 에너지를 보낸 다음엔
반대 순서로 돌아옵니다.

우주
지구
내게 상처를 입힌 사람
내가 상처를 준 사람
자신

그리고 다시 한 번 사랑과 친절의 연보랏빛 에너지로
자신을 축복한 후
명상을 끝냅니다.

수고하셨습니다.

ⓛ 용서와 화해를 위한 영성 일기 쓰기

✎ 〈참고 자료 12회기-5〉를 참고하고, 〈참고 자료 12회기-6〉에 제시된 표를 이용하여 조용하고 편안한 장소에서 명상이나 묵상을 통해 자신의 내면을 다시 들여다보면서 '용서와 화해를 위한 영성 일기' 를 써 보시기 바랍니다.

〈참고 자료 12회기-5〉 용서와 화해를 위한 영성 일기 쓰기

1. 일기 쓰기에 앞서 안전하고 편안한 시간과 장소를 찾아 기도나 묵상을 합니다.
2. 기도와 묵상 가운데 당신의 삶 속에 있는 여전히 서먹한 관계를 하나 찾습니다.
3. 그 관계에서 당신이 자신과 상대방을 용서하고 화해하기 위해 했던 노력들은 무엇입니까? 예를 들어 책을 읽거나, 영적인 지도자를 만나 대화를 나누거나, 종교적인 활동에 참여했던 경험을 적어 보고, 그러한 경험에서 얻었던 느낌을 기록해 봅니다. 또한, 그러한 당신의 의문 과 노력에 대해 다른 사람들이 무시했거나 허울 좋은 답을 내놓았던 때를 생각해 보세요. 그 런 반응에 대해 당신이 어떻게 느끼고 생각했는지 기록합니다.
4. 앞서 기록한 모든 경험을 통해 그 관계와 관련해서 현재 당신이 믿고 있는 바가 무엇인지 기 록해 봅니다.
5. 사람들의 도움말은 개인의 일기 쓰기에 도움이 됩니다. 진정한 영적 삶을 추구한다면, 이 수 업의 다른 분들과 자신의 얘기를 나누시길 권합니다.

출처: 나웬, 헨리(2007). 『영성 수업』(윤종석 역). 서울: 두란노. (수정 및 보완)

〈참고 자료 12회기-6〉 영성 일기장

년   월   일

(3) 정리

① 수업 정리

이번 시간에는 영성의 세 번째 시간으로 용서와 화해에 대해 살펴보았습니다.

② 과제

활동 시간에 마치지 못한 '용서와 화해를 위한 영성 일기 쓰기'를 마무리합니다.

③ 13회기 수업 안내

다음 시간에는 영성의 마지막 시간으로 행복에 대해 이야기 나누도록 하겠습니다.

■ 사전 준비

· 먼저 오신 참여자들께 간단한 안부와 사담을 통해 마지막 회기까지 참여하실 수 있도록 지지와 응원을 표현한다.

■ 도입

· 나의 친절 계획표 과제를 수행한 참여자에게 자발적인 발표를 유도하여 칭찬하고 지지한다.
· 수업의 개요를 간단히 설명하여 참여자들이 프로그램 시작 전의 부담을 느끼지 않도록 한다.
· 동기 유발 질문들을 통해 자연스러운 예를 제시하고 이야기할 수 있도록 한다.

■ 전개

· 자발적으로 자신의 화해 경험을 이야기하고 함께 공유할 수 있도록 한다.
· 용서할 대상이나 또는 참여자가 용서받을 대상을 떠올리지 못할 때 지난 시간에 그렸던 '관계도'를 떠올려 보게 하면서 용서를 위한 대상을 생각할 수 있도록 유도한다.
· 〈나는 소망합니다.〉 시를 평소 프로그램에 소극적이거나 소외되었던 참여자에게 낭독하게 하여 프로그램의 자신감을 갖도록 한다.
· 발표나 토론 중 이야기의 흐름이 다른 주제로 전환될 경우 원 주제로 돌아올 수 있도록 내용의 흐름을 잡아 줄 필요가 있다.
· 용서나 화해를 반드시 해야 한다는 부담을 갖지 않도록 하고 용서나 화해는 본인의 선택 문제라는 점을 주지시킨다.
· 용서 편지는 ① 타인으로부터 용서를 구함, ② 내가 타인을 용서함 등 다양한 방법을 자유롭게 택하여 이야기할 수 있도록 한다.

[실제 사례] 용서를 하고 용서를 구하는 편지

친애하는 우리 고교 동창생들에게
지난번에 내가 우리 동창생 모임에 특히 식사하는 자리에서 가족들의 건강을 위해서라도 실내에서는 담배들 피우지 말고 제발 밖에 나가서 좀 피우라고 신경질적으로 이야기한 것,

---

우선 사과부터 해야겠구나. 나도 30여 년 전 회사에 입사하여 피해 물건을 받을 때, 교관 교정 선생이 하도 심하게 굴어 엄청난 스트레스를 받았지. 어쩔 수 없다고 체념하고 몇 개월 간 하루에 10여 개피씩 담배를 피운 경험이 있다마는 이제 우리 나이는 대물의 70고개를 바라보는 처지에 담배 정도는 졸업을 해야 하지 않을까 생각되네. 나도 엊그제는 감기도 들고 몸살기까지 있는데 자네들이 하도 거기서 담배 연기를 뿜어대니 나도 모르게 다소 신경질적인 반응을 보여 미안하네만 하여간 담배 못 끊고 다시 흡연하는 건 몇 차례씩 끊었다가 못 끊고 다시 중독 증상을 보이는 것으로 이해도 하고 용서도 하니 그리 알고 우리 좀 더 금연하여 건강하도록 노력해 봄세. 안녕.

· 용서 편지 말고도 용서와 관련된 경험과 에피소드 등 자유롭게 이야기를 할 수 있도록 유도한다.

[실제 사례] 형님과 형수님을 용서했던 과정

제가 둘째 아들인데요 큰 형님이 서울에 가면서 저는 어머님, 아버님을 모실 수밖에 없는 상황이었습니다. 그러다 보니 큰 형님과 형수가 서울에 있어 큰 일 때(예: 제사, 명절)도 집 안이 서로 격리되고 그래서 어머님, 아버님 제사도 제가 지냈거든요.

그런 일들과 감정들이 지속되다가 형님이 죽은 다음에 그 앞에 가서 "형님 그럴 수밖에 없었소?" 이렇게는 하지만 '형수님! 일로 와보시오 내가 이러이러 해서 당신을 용서합니다!' 이렇게 직접 못 합니다. 앞에 대 놓고 말은 못 하지만 마음으로 용서를 한 거죠.

직장 생활을 그만두고 와서 보니깐 '역지사지'라는 걸 생각해 보게 됩니다. 입장을 바꿔서 내가 만약에 형의 입장일 때에 '형님이 왜 그랬을까?' 하는 생각이 들지요. 그게 번민으로 오는 거예요. 입장을 바꿔 형 입장은 직장이 서울에 있기 때문에 어머님을 못 모시는데 둘째 너는 도청에 있으니(제가 도청에 있었어요.) 그러니 동생, 네가 당연히 모셔야 한다. 그런 것이겠죠. 요새 그렇게 생각하니 사실 그렇게 '형, 아버지, 어머니를 못 모셨던 형수님도 참 괴로웠겠다!'라는 생각을 합니다.

제가 옛날 살던 집을 형님이 돌아가시고 형수님께 줬습니다. 이렇게 제가 용서를 한 것은 우선 제일 중요한 건 많지 않은 가족이고 그동안의 일들을 다 잊고 우리 죽고 다 지나면 애들만이라도 잘 지내자는 뜻에 용서를 했습니다. 또 용서라는 걸 봤을 때 몸이 건강하고 편해야만 용서를 하지 내가 조금 괴로움이 있거나 병이 걸렸거나 했으면 용서를 못했을 것 같기도 합니다. 그래서 용서하는 사람은 심적으로도 평온하고 하나의 거리낌도 없고 걸림돌이 없을 때 진정한 용서가 가능한 것이라고 생각합니다. 지금은 마음이 평온합니다. (허허허) 그러하니 어르신들도(참여자) 용서할 대상이 있다면 용서를 먼저 하십시오.

■ 정리

· 용서를 할 수 있는 해결 방법을 찾아내지 못할 때에는 집단 성원들이 함께 이야기하여 다양한 방법들을 제안해 줄 수 있도록 유도한다.
· 프로그램 진행자와 보조 진행자가 참여 집단 내에서 용서와 화해를 구한 참여자에게 칭찬과 존경을 표현한다(예: "다 같이 두 분께 박수 주세요!", "두 분이 잘 어울리세요.", "제가 많은 것을 배우게 되었습니다. 오늘 주옥 같은 진솔한 말씀들 감사드립니다." 등).
· 오늘의 프로그램 활동에 대한 정리(예: 용서의 의미, 용서를 실천하는 방법)를 통해 참여자들의 이해를 돕는다.

영성-행복

13회기 수업 개요

회기	13			
수업명	영성-행복			
수업 목표	종합적이고 장기적인 행복한 노후 설계를 통해 자신의 삶을 보다 적극적이고 체계적으로 계획하고 변화시켜 나갈 수 있다.			
일시/장소	○○○사회복지관			
담당자	○○○			
단계	내용(교수 학습 활동: 진행자/참여자)	방법	매체 및 준비물	시간
도입	· 과제 확인 · 동기 유발 질문 · 13회기 수업 개요 설명			5분
전개	· 행복이란? · 행복을 구성하는 요소	강의/ 토론	매뉴얼 필기도구	45분
	휴식			10분
	· 행복 설문지 작성하기 · 행복한 하루 그려 보기 · 행복 헌장 만들기(몸, 마음, 영성)	활동		45분
정리	· 수업에 대한 정리 · 과제: 행복 헌장 실천 · 14회기 수업 안내			5분

(1) 도입

① 과제 확인

– 용서와 화해 수업에서 부과된 용서와 화해 계획의 실천을 점검해 본다.

② 동기 유발 질문

🖊 여러분은 지금 행복하십니까? 나이를 불문하고 모든 사람들이 살아가는 데 있어 가장 느끼고 싶은 감정적 상태 중 하나가 행복일 텐데요. 행복이란 뭘까요?

③ 수업의 개요 제시

🖊 오늘은 영성의 마지막 시간으로 바로 행복에 대해 이야기해 보도록 하겠습니다.

● **진행자 유의 사항**

– 전체 프로그램의 마지막 수업으로서 몸–마음–영성의 유기적 연관성을 지속적으로 떠올리면서 수업에 임할 수 있도록 자극한다.

(2) 전개

① 강의 및 토론

㉠ 행복의 개념

행복(幸福, Happiness)은 사전적으로 생활에서 충분한 만족과 기쁨을 느끼는 흐뭇한 상태를 말한다. 즉, 욕구가 만족되어, 부족함이나 불안감을 느끼지 않고 안심하는 심리적인 상태이며 장기간에 걸친 내적 감정을 지칭하는 용어로 잘살고 있다는 느낌을 의미한다. 단 개인, 개성에 따라 가치관의 차이가 존재하기 때문에 행복은 주관적이다. 행복으로 인해 파생되는 심리 상태로는 만족, 기쁨, 즐거움, 신남, 보람을 느낌, 가치감, 평온감 등이 존재하나 이들 단어 역시 개개인의 주관에 따라 분화되는 개념이라 볼 수 있다.

이와 같이 행복에 대한 정의라든가 주관적 행복감은 제각각이지만 모든 사람들이 동의하는 부분이 있다면 그것은 행복이 인생의 궁극적인 목표이며 모든 문화권에서 이를 추구한다는 점이다. '즐겁다', '행복하다'라고 불리는 이러한 상태는, 그 주체의 주관에 따라 주체적으로 보정하는 것이 가능하며, 어떠한 자신의 사고방식을 변경함으로써 조정이 가능하다.

ⓛ 행복을 구성하는 요소

🎤 행복을 구성하는 요소에 대해 생각해 보도록 하겠습니다.
어르신들께서는 어떤 경우 행복함을 느끼십니까?

● **진행자 유의 사항**
– 〈참고 자료 13회기-2〉를 참고하여 참여자들이 행복을 구성하는 요소들을 생각할 시간을 준 후 〈참고 자료 13회기-1〉을 작성하도록 한다.
– 각자 행복을 구성하는 요소들을 작성한 후 전체적으로 이에 대해 토론하는 시간을 마련해 행복에 이르는 다양한 통로들을 경험할 수 있도록 한다.

> **〈참고 자료 13회기-1〉 행복을 구성하는 요소**
>
> ·
> ·
> ·
> ·
> ·
> ·
> ·
> ·
> ·

〈참고 자료 13회기-2〉 행복을 구성하는 요소

심리학자 리처드 스티븐스(Stevens, R.)

· 좋은 느낌과 긍정적인 마음

· 활기 넘치는 생활

· 의미 부여, 즉 인생에서 가치 있는 선택을 하는 것

긍정 심리학자 마틴 샐리그먼(Seligman, M)

· 즐거운 삶: 한 잔의 포도주

· 만족스러운 삶: 일, 사랑, 취미

· 의미 있는 삶: 나보다 더 큰일에 내 역량을 쏟아 붓는 것(예: 정치, 종교, 지역 사회 활동 등)

② 활동

• 행복 설문지 작성하기/행복한 하루 그려보기/행복 헌장 만들기

㉠ 행복 설문지 작성하기

✎ 행복에 관한 설문지를 작성해 봄으로써 스스로의 행복지수를 점검해 보는 시간을 가져보는 것은 어떨까요? 〈참고 자료 13회기-3〉에 제시된 내용은 행복에 관한 설문지입니다. 각 진술이 어르신 여러분에게 해당되는 정도를 다음의 숫자로 평가해 보시기 바랍니다.

1. 전혀 그렇지 않다.

2. 그렇지 않은 편이다.

3. 약간 그렇지 않다.

4. 약간 그렇다.

5. 그런 편이다.

6. 매우 그렇다.

● **진행자 유의 사항**

– 〈참고 자료 13회기–3〉의 설문지를 참여자에게 제시해 줌으로써 숫자로 평가할 수 있도록 한다.

– 참여자가 이러한 설문지 활동에 익숙하지 않을 가능성이 많으므로 진행자가 참여자 전체와 함께 읽어내려 가면서 참여자가 자신의 설문지에 답하도록 할 수 있다.

– 행복 점수의 계산은 29문항에서 각 점수를 더한 후 29로 나누면 된다. 따라서 가장 낮은 점수는 1점 (29개 항목 모두에 1점을 주었을 경우)이고, 가장 높은 점수는 6점(29개 항목 모두에 6점을 주었을 경우)이다.

– 참여자로 하여금 행복 점수를 기록한 후 검사한 날짜를 적게 한다. 본 프로그램을 마친 후에도 수업 시간에 배운 내용을 실천하면서 정기적으로 검사를 되풀이하여 자신의 행복이 어떻게 변화하고 증가하는지를 관찰할 수 있도록 격려한다.

〈참고 자료 13회기–3〉 행복 설문지

내용	점수(1~6)
1. 나는 나 자신에 만족한다.	
2. 나는 다른 사람들에 대해 크게 흥미가 있다.	
3. 나는 삶이 아주 보람 있다고 느낀다.	
4. 나는 거의 모든 사람들에게 아주 따뜻한 감정을 느낀다.	
5. 나는 잘 잤다는 기분으로 일어나는 적이 많은 편이다.	
6. 나는 미래에 대해서 낙관적이다.	
7. 나는 매사가 재미있다고 생각한다.	
8. 나는 언제나 헌신하며 참여한다.	
9. 나는 사는 게 좋다.	
10. 나는 세상이 좋은 곳이라고 생각한다.	
11. 나는 많이 웃는다.	
12. 나는 삶 속에서 모든 일에 매우 만족한다.	
13. 나는 내 모습이 매력적이라고 생각한다.	
14. 내가 하고 싶은 일과 내가 한 일 사이에는 격차가 없다.	

15. 나는 매우 행복하다.	
16. 나는 가끔 어떤 것들에서 아름다움을 발견한다.	
17. 나는 언제나 다른 사람들에게 유쾌한 영향을 미친다.	
18. 나는 하고 싶은 모든 일에 시간을 할애할 수 있다.	
19. 나는 내 삶을 통제할 수 있다고 느낀다.	
20. 나는 어떤 일이나 맡아서 할 수 있다고 느낀다.	
21. 나는 정신적으로 완전하게 깨어 있다.	
22. 나는 기쁨과 환희를 자주 느낀다.	
23. 나는 결정을 잘 내린다.	
24. 나는 삶에 특별한 의무나 목적을 가지고 있다.	
25. 나는 큰 에너지를 가지고 있다고 느낀다.	
26. 나는 삶에서 일어나는 사건들에 대개 좋은 영향을 미친다.	
27. 나는 다른 사람들과 즐겁게 지낸다.	
28. 나는 건강하다고 느낀다.	
29. 나는 과거에 대해서 행복한 기억을 가지고 있다.	

ⓛ 행복한 하루 그려보기

✏️ 내일부터 수년간 언제라도 좋으니 가장 행복한 모습의 하루를 상상해 보시기 바랍니다. 당신에게 주
어진 하루에 최선의 가능한 모든 것을 활용하여, 필요하고 하고 싶은 모든 일을 상상해서 매뉴얼에
적어 보시기 바랍니다. 구체적으로 글짓기를 하는 마음으로 적지 않더라도 하루를 구성하는 단어,
장소 등을 매뉴얼에 적어 보십시오. 그림으로 표현해도 좋습니다.

예를 들어,

- 어디에서 무엇을 하고 있을까?

- 거기에는 누구와 함께 있을 것인가? 등

● **진행자 유의 사항**

– 냄새, 소리, 날씨 등 되도록 구체적으로 상세하게 상상하도록 강조한 후 〈참고 자료 13회기–4〉의 양식에 적을 수 있도록 한다.

– 행복한 하루를 구성하는 과정을 통해서 자신 나름대로 인생에서 구하는 것은 정말 무엇인가 하는 것을 생각할 수 있도록 한다.

〈참고 자료 13회기–4〉 **나의 행복한 하루**

그림, 글, 단어 등 어떠한 형태로든 행복한 하루를 상상해 보여 주시기 바랍니다.

– 충분한 시간을 제공한 후 돌아가면서 발표하는 시간을 갖는다.
– 〈참고 자료 13회기–5〉의 질문을 통해 평가하는 시간을 갖는다.

〈참고 자료 13회기–5〉 **평가 질문**

· 새삼스럽게 느낀 점이나 기분은 어떠한가? (사소한 것에서 행복을 느낄 수 있었다거나 혹은 행복한 순간을 만들기 위해 더 많은 노력을 해야 하겠다거나 등)

· 자신의 행복한 하루가 얼마나 실현 가능한가? (실현 가능한 점과 실현 가능하지 않은 점들을 찾아보기)

© 행복 헌장 만들기

✎ 헌장은 약속을 이행하기 위하여 정한 규범입니다. 우리 모두 행복한 삶의 주체로서 행복 헌장을 작성해 보도록 하겠습니다.

〈참고 자료 13회기-6〉 행복 헌장 사례: 몸-마음-영성의 통합적 건강을 위한 행복 헌장

· 일주일에 2회 이상 30분씩 운동을 한다.
· 항산화제 등 영양 보조제를 적절히 활용한다.
· 적절한 검진과 예방접종을 생활화한다.
· TV시청 시간을 줄인다.
· 식물을 가꾼다.
· 항염증 다이어트를 실천한다.
· 생선을 많이 먹는다.
· 몸을 움직이는 활동을 많이 한다.
· 하루에 5잔 이상 물을 마신다.
· 사랑하는 사람을 안아 준다.
· 지적 활동을 유지한다.
· 하루를 마무리할 때마다 감사해야 할 일과 좋았던 일을 떠올린다.
· 적어도 하루에 한 번은 낯선 사람에게 미소를 짓거나 인사를 한다.
· 적어도 하루에 한 번은 유쾌하게 웃는다.
· 매일 자신에게 작은 선물을 하거나 작은 보상을 약속한다.
· 스트레스 이완을 위한 명상법을 실천한다.
· 매일 누군가에게 친절을 베푼다.
· 매주 온전히 한 시간은 배우자나 가장 친한 친구들과 대화를 나눈다.
· 오랫동안 소원했던 친구나 지인들에게 연락한다.
· 다른 사람과의 교류를 유지한다.
· 살면서 얻게 되는 교훈과 지혜, 자신이 지닌 가치, 노화가 가져오는 장점을 꾸준히 발견한다.
· 남은 생에 의미를 주는 것을 찾는다.

● **진행자 유의 사항**
- 참여자로 하여금 실천하기 쉬운 목록을 만들어 실제로 실천하는 것에 목표를 둘 수 있도록 안내한다.
- 전체 프로그램을 평가하는 다음 마지막 시간에 실천 여부를 점검할 것을 참여자들과 약속한다.
- 〈참고 자료 13회기-6〉의 사례를 진행자의 판단에 의해 몇 가지 제시해 줌으로써 참여자의 사고를 촉진한다.

(3) 정리

① 수업 정리

이번 시간에는 영성의 네 번째 시간으로 행복에 대해 살펴보았습니다. 행복은 우리 각자가 바꿀 수 있는 마음의 상태입니다.

② 과제

오늘의 과제는 행복 헌장을 실천해 보는 것입니다. 실천하려는 노력 그 자체가 행복을 구성하는 요소가 아닐까요?

③ 14회기 수업 안내

다음 시간에는 몸-마음-영성 프로그램의 마지막 수업으로 전반적인 수업 진행과 느낀 점에 대해 함께 이야기 나누는 시간을 갖도록 하겠습니다.

■ 사전 준비

· 13회기와 14회기(졸업식)를 묶어서 진행할 수도 있다. 하지만 13회기의 수업 내용을 깊이 다루지 못할 수도 있으므로 시간 안배를 고려할 필요가 있다.

· 행복 헌장(몸-마음-영성 건강을 위해 실천해야 할 다짐들) 낭독자 선정과 행복 헌장을 졸업식 전에 미리 준비해 둘 필요가 있다(참여자 중 남녀 각 1인).

■ 도입

· 안부 인사를 나누며 서로의 근황에 대해 이야기 나눔으로써 시작 분위기를 만든다.

· 지난 회기의 수업 내용을 간략히 상기시키고 소감 및 감사 일지 발표를 유도하는 것이 좋다.

· 본 수업 내용에 대한 요약 설명과 동기 유발 질문을 하는 것이 좋다.

· 본 프로그램의 마지막 수업이므로 몸-마음-영성의 유기적 연관성을 인지시키면서 수업에 임하도록 유도하는 것이 마무리 단계에서 프로그램의 효과성을 높이는 데 도움이 될 것이다.

■ 전개

· 13회기와 14회기를 묶어서 진행할 시에 13회기 수업 마무리와 졸업식이 매끄럽게 연결될 수 있도록 행복 헌장 낭독은 13회기 수업 마무리 부분에 진행할 것을 권장한다.

■ 정리

· 진행자의 판단 하에 〈참고 자료 13회기-6〉의 행복 헌장의 사례를 제시해 줌으로써 참여자의 사고를 촉진시켜 과제 수행에 도움이 될 것이다.

· 14회기 졸업식과 관련한 공지 사항을 소개한다.

· 본회기를 마무리 짓기 전에 14회기(졸업식)의 상장 수여자를 선정해 둘 필요가 있다.

· 마지막 14회기에 상장 수상자를 선정하기 위해서 어떤 상장을 줄 것인지 참여자 전체와 논의하고 대상자를 선정할 것을 권장한다.

14회기 마무리 및 사후 조사

14회기 수업 개요

회기	14			
수업명	마무리 및 사후 조사			
수업 목표	프로그램 이수 소감 발표 및 사후 조사, 신체검사를 통해 전체 프로그램 평가를 위한 자료를 마련할 수 있다.			
일시/장소	○○○사회복지관			
담당자	○○○			
단계	내용 (교수 학습 활동: 진행자/참여자)	방법	매체 및 준비물	시간
도입	·몸−마음−영성 프로그램 요약 ·행복 헌장 실천 점검			5분
전개	·프로그램 이수 소감 발표 ·사후 조사	토론	매뉴얼 필기도구 검사지	45분
	휴식			10분
	사후 조사(이어서) 신체검사	활동	검사지 필기도구 신체검사 도구	45분
정리	전체 프로그램에 대한 총평 및 감사의 인사			5분

(1) 도입

① 과제 확인

– 행복 수업에서 부과된 행복 헌장 실천 과제를 점검한다. 〈참고 자료 14회기-1〉에 제시된 질문을 통해 참여자들이 보다 깊이 있게 행복 헌장의 내용을 생각해 보고 지속적으로 실천할 수 있도록 격려한다.

> 〈참고 자료 14회기-1〉 행복 헌장 실천 과제 점검과 관련한 질문
>
> · 얼마나 실천했는가?
> · 실천하는 동안 느낀 점이 있는가?
> · 실천하는 데 어떤 어려움이 있었는가?
> · 지속적으로 실천할 수 있다고 생각하는가?

② 몸-마음-영성 프로그램 요약

🖉 지난 13주간 여러분들과 함께 몸-마음-영성 프로그램을 진행해 왔습니다. 몸과 관련해서는 신체 활동, 영양, 휴식과 여가, 성에 대한 주제를, 마음과 관련해서는 스트레스, 감정, 사고, 의지에 대한 주제를, 영성과 관련해서는 인생의 의미, 관계와 이타주의, 용서와 화해, 행복에 대한 주제를 살펴보았습니다. 각 주제별로 많은 토론과 활동을 행해 왔고 지속적인 과제를 통해 여러분께서 일상생활 속에 이 프로그램의 내용을 적용할 수 있도록 하는 데 중심을 두었습니다. 여러분의 생활에 적지 않은 변화가 이루어지셨기를 바랍니다.

(2) 전개

① 프로그램 이수 소감 발표

🖉 지난 13주 동안 몸-마음-영성과 관련한 다양한 주제들에 대해 함께 생각해 보고 의견을 나누어 보고 실천을 해 보았습니다. 수업과 관련한 모든 부분에 대해 여러분들의 의견을 듣고자 합니다.

● **진행자 유의 사항**

– 〈참고 자료 14회기-2〉의 토론 주제들을 참조하여 참여자들이 수업과 관련한 긍정적, 부정적 소감
 들을 충분히 이야기할 수 있는 분위기를 조성한다.

– 참여자 스스로 수업을 통해 자신이 변화되었음을 인지할 수 있도록 돕는다.

– 프로그램을 위해 바라는 점 혹은 개선되어야 한다고 생각하는 점 등이 있는지 충분히 참여자들의
 의견을 수렴한다.

〈참고 자료 14회기-2〉 프로그램 이수 소감 발표 주제

· 프로그램 이수 후 전반적인 느낌은?

· 개인 생활에 변화가 있었다면?

· 각 주제 중 어떤 주제가 가장 개인 생활에 영향을 미쳤는가?

· 프로그램 진행 및 내용과 관련하여 바라고 싶은 점이 있다면?

·

·

·

·

·

② **사후 조사**(부록 1 참고)

③ **신체 검사**(부록 1 참고)

(3) 정리

· 감사의 인사

 🎤 그동안 모든 수업에 적극적으로 참여해 주시고 많은 의견 제시해 주신 점 감사드립니다. 여러분 삶
 에 몸-마음-영성의 '건강함'이 함께하기를 바랍니다. 행복하세요.

■ 사전 준비: 졸업식

· 프로그램 종결 시에는 참여자의 성취감을 고취시킬 수 있도록 졸업식으로 진행하는 것도 좋다.

· 프로그램 이수 소감 발표자 선정 및 발표문 사전 부탁

· 상장 수여〔상장 명 짓기 예: 행복지킴이상(우정상), 행복나누미상(봉사상)〕

· 수료증, 학사가운, 학사모

■ 도입

· 졸업식의 전반적 순서에 대해 간략하게 설명하는 것이 필요하다.

■ 전개

· 참여자와의 종결 방식을 고려해 볼 필요가 있다. 본 프로그램에서는 진행자와 보조 진행자가 전체 참여자 앞에서 프로그램에 대한 소감과 작별 인사를 드리는 방식으로 하였다.

· 참여자도 프로그램 종결의 서운함을 표현할 수 있는 시간을 마련하는 것이 프로그램의 효과적인 종결에 도움이 된다.

· 프로그램의 실제 진행자와 보조 진행자 이외의 스태프의 보조(사이즈 별 학사모와 학사가운 준비, 참여자 개별 사진 찍기, 뒷정리 등)를 고려해 볼 필요가 있다.

· 졸업식순: 개회 선언→관장님 인사말(참여자의 노고에 대한 격려와 후속 프로그램에 대한 소개)→주 진행자와 보조 진행자의 소감 발표와 작별 인사(본 프로그램의 학습 내용을 실천해 줄 것을 당부)→기관장의 참여자 수료증 수여→상장 수여→행복 헌장 발표→프로그램 이수 소감 발표→마무리 인사→단체 사진 촬영→정리

[행복 헌장의 실제 사례]

1. 우리는 일주일에 3번 이상, 걷기 운동을 한다.

1. 우리는 일주일에 3회 이상, '요가 명상'을 통하여 '스트레스'를 이완시킨다.

1. 우리는 하루에 물을, 8컵 이상 마신다.

1. 우리는 적어도 하루 한 번은, 거울을 보며 웃는다.

1. 우리는 매일 누군가에게 친절을 베푼다.

1. 우리는 작은 일에 감동하고, 감사한다.

1. 우리는 사랑하는 이들을, 두 팔 벌려 감싸 안아 준다.

1. 우리는 살면서 얻은 교훈과 지혜를 통해 노화의 장점을 발견하여, 여생을 의미 있고 활기차게 보낸다.

1. 우리는 하루를 마무리할 때, 감사한 일, 좋았던 일을 생각한다.

1. 우리는 내일을 위해 오늘을 감사하며, 잠자리에 든다.

〈○○○○년 ○○월 ○○일: ○○○, ○○○〉

■ 정리

· 전체 프로그램에 대한 총평 및 감사의 인사

· 행복 헌장 실천

제4장
프로그램의 효과성 평가

1. 프로그램의 효과성 평가 설계

　기관에서 프로그램 개입에 대한 효과성을 평가할 때에는 일반적으로 프로그램이 시작되기 전에 검사와 설문지를 통해 사전 검사결과 자료를 확보하고, 프로그램이 종료된 후 동일한 검사 및 설문조사를 시행하여 사전사후 검사 결과를 비교분석한다.

　프로그램의 신뢰성과 타당성을 높이기 위해 실험집단(프로그램 참여집단)과 통제집단(프로그램 미참여집단)에 대하여 위와 동일한 방법으로 사전사후 검사를 적용하여 실험집단과 통제집단에서 나타난 사전사후 검사결과를 비교분석할 수 있다.

　이러한 프로그램의 효과성 평가 설계는 기관의 여건에 따라 선택될 수 있다.

2. 프로그램 참여 대상자(평가대상자) 모집

　프로그램 참여 대상자는 참여를 희망하는 노인을 대상으로 우선 모집하되 프로그램의 특성상 읽기 쓰기가 가능한 정도의 학습능력을 소유한 노인을 선발하는 것이 프로그램의 효과성을 높일 수 있다.

만약 통제집단을 설정하고자 한다면, 최소한 인구학적 특성이 유사한 집단을 동일한 인원으로 선별한다. 평가의 정확성을 위하여 실험집단과 통제집단 간 평균값 차이 검증 (t-test)을 사전에 실시하는 것이 바람직하다.

3. 측정 도구

몸-마음-영성 프로그램의 효과성을 측정하기 위하여 몸, 마음, 영성의 각 영역별로 구성된 검사와 설문지를 통해 프로그램 시작 전과 종료 후 두 차례에 걸쳐 조사를 실시한다.

구체적으로 본 연구에서 사용할 측정 도구와 문항들은 다음의 〈표 5〉와 같다.

〈표 5〉 측정 도구 및 문항

영역	측정 도구	문항 수	도구 설명
몸	BMI		신체검사를 통해 키, 몸무게 측정
	혈압		신체검사를 통해 혈압 측정
	건강 상태	5문항	11점 리커르트 척도(0은 매우 나쁜 상태, 10은 매우 좋은 상태) 현재, 과거, 미래의 건강 상태에 대한 본인의 인식, 건강관리 능력, 건강관리 노력 정도
	신체 증상	9문항	6점 리커르트 척도 두통, 소화불량, 수면 장애 등 신체적 증상
	신체 활동 강도	3문항	6점 리커르트 척도 격렬한 신체 활동, 중간 정도의 신체 활동, 가벼운 신체 활동
	출처: Ware, J. E., Snow, K. K., Kosinski, M. & Gandek, B. (1993), SF-36 *Health Survey Manual and Interpretation Guide*.		
마음	부정적 정서	7문항	5점 리커르트 척도 분노, 불안, 좌절 등 부정적 정서
	긍정적 정서	7문항	5점 리커르트 척도 평화, 만족, 확신 등 긍정적 정서

마음			출처: Ryff, C. D. & Keyes, C. L. M. (1995), The structure of psychological well-being revisited, *Journal of Personality and Social Psychology* 69, 719-727.
	우울 척도	11문항	4점 리커르트 척도 Center for Epidemological Study(CES) Depression Scale 수정 보완
			출처: Radloff, L. S. (1977), The center for epidemiological studies depression scale: A self-report depression scale for research in the generalpopulation, *Applied Psychological Measurement* 1, 385-401.
	자아 효능감	10문항	5점 리커르트 척도 목표 달성에 필요한 자기 능력에 대한 믿음을 측정
			출처: Schwarzer, R. & Jerusalem, M. (1995) Generalized self-Efficacy Scale, In Weinman, J., Wright, S. & Johnson, M. (eds.) *Measures in Health Psychology: A User's Portfolio, Causal and Control Beliefs*, pp.35-37, Windsor England: NFER-NELSON.
영성	자원봉사 활동	1문항	월당 자원봉사 활동 시간
	사회적 지원	2문항	5점 리커르트 척도 사회적 지원 중 배우자, 가족, 친구 등과 주고받는 정서적 측면의 지원 정도 측정
	종교의 중요성	1문항	4점 리커르트 척도
	출처: Fetzer Institute (2003). Multidimensional measurements of religiousness, *spirituality for use in health research: A report of Fetzer Institute national Institute on Aging working group*. Retrieved on 08-18-2008 from http://64.233.169.104/search?q=cache:GwldFMKa 5NkJ:www.fetzer.org/pdf/total_fetzer_book.pdf+Multidimensional+measurements +of+religiousness+and+spirituality&hl=ko&ct=clnk&cd=1&gl=kr		
	마음의 평화	1문항	11점 리커르트 척도
	인생의 의미	1문항	11점 리커르트 척도
	용서	3문항	4점 리커르트 척도 출처: Multidimensional Measurement of Religiousness/ Spirituality for Use in Health Research(National Institute on Aging/Fetzer, 1999) 수정 보완
	마음챙김 (mindfulness)	8문항	4점 리커르트 척도 Toronto Mindfulness Scale 수정 보완

영성	영성적 지원	6문항	5점 리커르트 척도 Spiritual Support Scale(Ai, Tice, Peterson & Huang, 2005) 수정 보완
	인생 만족도	3문항	10점 리커르트 척도(0은 매우 불만족한 상태, 10은 매우 만족한 상태) 현재, 과거, 미래의 인생 만족도
			출처: Diener, E., Emmons, R. A., Larsen, R. J. & Griffin, S. (1985). The satisfaction with life scale: A measure of life satisfaction, *Journal of Personality Assessment* 49, 71-75.
	인구학적 특성 변인	8문항	성별, 연령, 학력, 결혼 상태, 취업 상태, 소득, 종교, 동거 가족원 수

• 긍정적-부정적 정서

Mroczak, D. K., & Kolarz, C. M. (1998), The effect of age on positive and negative affects: A developmental perspective on happiness, *Journal of Personality and Social Psychology* 75, 1333-1349.

• 대처 기술

Carver, C. S., Scheiver, M. F. & Wientraub, J. K. (1989), Assessing coping strategies: A theoretically-based approach, *Journal of Personality & Social Psychology* 56, 257-283.

• 용서

Fetzer Institute (2003), *Multidimensional Measurements of Religiousness and Spirituality for Use in Health Research: A Report of Fetzer Institute National Institute on Aging Working Group*, Retrieved on 08-18-2008 from http://64.233.169.104/search?q=cache:GwldFMKa5NkJ: www.fetzer.org/pdf/total_fetzer_book.pdf+Multidimensional+measurements+of+religiousness+and +spirituality&hl=ko&ct=clnk&cd=1&gl=kr.

• 인생 만족도 척도

Prenda, K. M. & Lachman, M. E. (2001), Planning the future: A life management strategy for increasing control and life satisfaction in adulthood, *Psychology & Aging* 16, 206-216.

• 마음챙김(mindfulness)

Langer, E. J & Moldoveanu, M. (2000), The construct of mindfulness. *Journal of Social Issues* 56, 1-9.

수면, 영양, 성, 인생의 의미, 마음의 평화는 본 연구의 목표에서 착안하여 만든 scale입니다.

4. 분석 방법

1) 양적 분석

몸－마음－영성 프로그램의 효과성 평가는 프로그램 개입 사전검사와 사후검사의 평균 값 차이비교를 위해 t-test를 활용한다.

통제집단과의 비교분석을 할 경우에는 실험집단과 통제집단 각각에 대응표본 t-test를 사용하여, 각 집단의 사전검사와 사후검사의 평균값 차이를 비교분석할 수 있다. 통제집 단에서 사전검사와 사후검사에서 평균값 차이가 유의미하지 않고, 반면 실험집단에서는 사전검사와 사후검사의 평균값 차이가 유의미하게 발생하였다면 프로그램의 효과가 있 는 것으로 분석한다. 실험집단과 통제집단의 표본 수가 충분하지 못하고, 표본추출방법 이 비확률적으로 정상분포를 가정할 수 없는 경우에는 비모수 검증방법인 독립2표본 검 정(Mann-Whitney U test)을 활용할 수도 있다. 이 통계방법은 t-test의 가정을 만족시키지 못 할 때 가장 효율적인 대안으로 사용되고 있는 방법이다(채서일, 1998). 또한 실험집단만의 전후비교를 위해서는 비모수 통계방법인 Wilcoxon t-test를 활용한다.

집단간 차이를 사전에 통제하지 못하였거나, 순수한 프로그램의 개입효과만을 분석하 고자 한다면 사후 통계적 방법으로 공변량분석(ANCOVA)을 활용한다.

2) 질적 분석

Strauss와 Corbin(1998)의 근거 이론(Grounded theory)에 기반한 질적 분석을 적용한다. 몸-마음-영성 프로그램을 통해 경험한 신체적, 정서적, 영적 경험과 프로그램 과정 중에 나타난 노인의 삶의 이야기를 긍정적으로 재구성해 나가는 과정을 깊이 있게 이해하고 분석할 수 있는 연구 방법이다. 모든 면접 내용을 녹음하며 녹음한 내용을 기록한 축어록을 작성한다. 자료의 분석은 근거 이론 방법의 분석 절차에 따라 수집된 자료를 분석하고 개념화시켜 새로운 방식으로 재조합하는 코딩의 세 단계(개방 코딩, 축 코딩, 선택 코딩)를 거치면서 개념을 개발하고 수정, 통합하여 이들 개념들 간의 관계를 만들어 이론을 개발하는 과정을 거친다.

5. 결과 활용 방안

1) 학문적 기여

본 프로그램의 실제 적용과 효과성 검증의 학문적 기여는 다음과 같다.

첫째, 노년기의 건강과 삶의 질을 다차원 시각에서 접근하여 이를 바탕으로 지역 사회 노인을 대상으로 적용하는 몸-마음-영성 프로그램의 적용 가능성 및 효과성을 검증한다.

둘째, 프로그램 시행 엄격한 실험 설계를 적용하여 프로그램의 효과성을 검증한다.

셋째, 양적 분석과 함께 참여자와의 심층 면접을 통한 자료를 수집하여 질적 분석을 병행할 수 있다.

넷째, 관련 학문 분야 및 실천 분야의 예비 전문가들이 집단 실험 연구의 전 과정에 개입하여 연구 설계부터 연구 대상자 모집 및 선정, 치료 개입, 평가에 관한 지식과 경험을 쌓을 수 있는 기회를 제공할 수 있다.

다섯째, 노인 복지 실천 현장의 전문가도 참여하여 현장과 학문적 연구가 서로 연결되는 기회로 삼는다. 현장의 전문성 향상은 물론 학문의 실천적 기여를 가져올 수 있다.

2) 노인 복지 실천 현장에의 기여

첫째, 본 몸-마음-영성 프로그램을 노인 복지 기관이나 시설 등을 포함한 노인 복지 실천 현장에 소개하며, 현장에서 활용 가능하도록 한다.

둘째, 몸-마음-영성 프로그램을 현장에서 적용할 수 있도록 매뉴얼을 만들어 보급함으로써 노인 복지 실천 현장의 서비스 수준 및 전문성 향상에 기여한다.

셋째, 몸-마음-영성 프로그램 매뉴얼을 바탕으로 노인 복지관, 지역 문화 센터, 노인 복지 시설 등 노인 복지 실천 현장 실무자를 대상으로 교육과 훈련을 제공하여 노인의 삶의 질 향상에 기여할 수 있다.

참고문헌

강호정 · 김경식(2006). 고령화 사회와 생활체육. 『한국 콘텐츠학회 추계종합학술대회 논문집』 4(2), 156-159.

고승덕 · 조숙행(1997). 노인의 삶의 질 향상을 위한 요인 추출. 『한국노년학』, 17(2), 17-35.

구향숙 · 한동희 · 박경규 · 강수균(2003). 세대간 통합을 위한 여성노인 교육 프로그램 개발. 『난청과 언어장애연구』 26(1), 163-173.

_____(2000). 퇴직준비를 위한 평생교육 프로그램 개발 모델의 이론적 토대. *Andragogy today* 13(4), 17-41.

기영화(2001). 『평생교육 프로그램 개발』. 서울: 학지사

김광태 · 곽현근(2003). 노인의 성생활에 대한 지식과 태도에 과한 연구. 『현대사회와 행정』 13(2), 83-110.

김남선 · 김만희 (2004). 고령자의 평생교육봉사 활동 특성 연구. 『평생교육학연구』 10(3), 55-78.

김동배(2008). 한국노인의 성공적 노화 척도 개발을 위한 연구. 『한국사회복지학』 60(1), 211-231.

김명화 · 한혜경 · 최성숙 · 이성동(2005). 강화도 장수 노인의 식습관 점수별 식생활태도 및 영양상태 조사. 『대한지역사회영양학회지』 10(6), 892-904.

김미숙(1999). 『사회교육 프로그램 평가론』. 서울: 원미사.

김미숙 · 박민정(2000). 종교가 노인의 삶의 질에 미치는 영향 연구. 『한국노년학』 20(2), 29-47.

김미혜(1993). 노년을 위한 퇴직준비교육 모형의 개발. 『한국노년학』 13(2), 15-29.

김미혜 · 신경림 · 최혜경 · 강미선(2006). 한국 노인의 성공적 노후 삶의 유형에 영향을 미치는 요인. 『한국노년학』 26(1), 91-104.

김미혜 · 정순둘 · 이금룡(2001). 재가노인의 우울증 예방 프로그램 개발과 효과성 연구. 『한국사회복지학』 44, 318-345.

김수민(2006). 노인건강과 운동 프로그램 연구. 『동아대학교 부설 스포츠과학 연구논문집』 24(1), 31-45.

김신일 외(1999). 퇴직교육원 노후 준비를 위한 교육 프로그램 개발 연구. 교육부 정책연구과제.

김영식(2005). 『웃음요가로의 초대』. 서울: 요가코리아.

김재인 · 양애경(1997). 여성사회교육 담당자 교육 프로그램 개발. 서울: 한국여성개발원.

김재인 · 허현란(1999). 『여성 노인의 여가교육 프로그램 개발』. 서울: 한국여성개발원.

김진화 · 정지웅(1998). 『사회교육 프로그램 개발의 이론과 실제』. 서울: 교육과학사.

김태현 · 김동배 · 김미혜 · 이영진 · 김애순(1999). 노년기 삶의 질 향상에 관한 연구(II). 『한국노년학』

19(1), 61-81.

김현주(2007). 노인미술교육 프로그램 개발 연구.『조형교육』30, 49-82.

나우웬, 헨리(2007).『영성수업』(윤종석 역). 서울: 두란노.

류보머스키, 소냐(2008).『How to be happy: 행복도 연습이 필요하다』(오혜경역). 서울: 지식노마드.

박명윤 · 이건순(2006).『(웰빙라이프를 위한) 노인영양과 복지』. 서울: 광문각.

박응희(2007). 평생교육으로서 노인미술교육 프로그램 연구 부산광역시 경로당의 '시니어 아뜰리에' 프로그램 사례를 중심으로—.『조형교육』29, 205-225.

보건복지부(2008).『노인복지시설현황』. 서울: 보건복지부

신광균(2000). 노인 건강관리 프로그램 개발.『한국체육과학회지』9(1), 203-222.

신미식(2007). 평생교육으로서 한국노인교육의 발전방향,『평생교육학연구』13(1), 1-24

심영옥(2006). 평생교육으로서 노인미술교육 프로그램 개발을 위한 기초 연구—서울시 노인종합복지관을 중심으로—.『조형교육』27, 131-152.

와일, 앤드류(2007).『건강하게 나이먹기』(권상미 역). 서울: 문학사상사.

우종민(2007).『마음력—마음의 힘을 길러주는 멘탈 피트니스』. 서울: 위즈덤하우스.

윤 진(2001).『성인, 노인 심리학』(14판). 서울: 중앙적성출판사.

윤가현(2004). 노인과 성—결혼생활과 독신.『사회연구』7, 113-130.

이명신(1997). 근로자의 주관적 삶의 질과 그 영향 요인. 연세대학교 박사학위논문.

이병순 외(2007).『노인복지를 위한 노인영양관리』. 서울: 광문각.

이수진 외(2006).『사회교육 프로그램 매뉴얼』. 서울: 서울복지재단.

이신영(2006). 국내의 성공적 노화 연구에 관한 일 고찰.『복지행정논총』16(1), 117-136.

이영인(1997). 노인의 스포츠 참가와 생활만족의 관계. 성균관대학교 박사학위논문.

전길양 외(2000). 노년기 준비교육 프로그램—풍요로운 노후 가꾸기.『한국노년학』20(1), 69-91.

전영숙(2007). 노인 여가교육 프로그램이 여가인식과 삶의 질에 미치는 영향, 한국사회복지학회 학술대회 자료집, 377-381.

정재걸(2007). 노인을 위한 죽음준비교육 프로그램 개발 연구.『동양사회사상』16, 197-236.

정철영 · 이무근 · 이용환 · 나승일 · 한승희 · 이종성 · 정태화 · 김진모(1997). 조기퇴직자를 위한 직업교육 프로그램 개발.『직업교육연구』16(2), 199-222.

조영은 외(2006). 24시간 회상법과 식품섭취빈도조사법을 이용한 농촌지역 노인의 영양소 섭취 수준 비교.『한국식품영양과학회지』35(6), 698-707.

최 헌(1997). 건강수준이 노인의 삶의 질에 미치는 영향. 연세대학교 박사학위논문

최정안(1998). 율동 훈련 프로그램이 폐경기 여성의 불편감, 혈중지질 농도 및 삶의 질에 미치는 영향.

서울대학교 석사학위논문.

카밧진, 존(2005). 『마음챙김 명상과 자기 치유』(장현갑 역). 서울: 학지사.

틱낫한 · 뉴옌안홍(2007). 『틱낫한의 걷기 명상』(이은정 역). 서울: 갤리온.

한국영양학회 편(2006). 『한국인 영양섭취기준』. 서울: 한국영양학회.

한정란(2001). 『교육노년학』. 서울: 학지사.

허원구 · 이정훈(2004). 고령화 사회의 노인역할 프로그램에 관한 연구—선진국을 중심으로. 『복지
　　　행정논총』 14(2), 53-79.

허정무(2000). 『노인교육론』. 서울: 협신사.

호가드, 리즈(2006). 『행복』(이경아역). 서울: 예담.

홍기형 외(1998). 『평생학습사회와 노인교육』. 서울: 교육부.

　　　(1998). 『한국형 노인교육 프로그램의 모델 개발을 위한 연구』. 서울: 교육부.

히로이케, 아키코(1998). 『기적의 치유력 요가』(정강주 역). 서울: 첨성대.

Angell, M. (1985). Disease as a reflection of the psyche. *The New England Journal of Medicine*
　　　312(24), 1570-1572.

Ben-Shahar, T. (2002). *The Question of Happiness: On Finding Meaning, Pleasure, and the Ultimate
　　　Currency*. San Jose: Writers Club Press.

　　　(2007). *Happier: Learn the Secrets to Daily Joy and Lasting Fulfillment*. New York: McGraw
　　　Hill.

Benson, H. (1976). *The Relaxation Response*. New York: Avon Books.

　　　(1984). *Beyond the Relaxation Response*. New York: Times Books.

　　　(1987). *Your Maximum Mind*. New York: Times Books/Random House.

　　　(2000). *The Relaxation Response—Updated and Expanded* (25th the anniversary edition).
　　　New York: Avon Books.

Bernie, S. (1988). *Love, Medicine, and Miracles: Lessons Learned about Self-Healing from a Surgeon's
　　　Experience with Exceptional Patients*. Harper Perennial.

Bierman, A. (2006). Does religion buffer the effects of discrimination on mental health? Differing
　　　effects by race. *Journal for the Scientific Study of Religion* 45(4), 551-565.

Bood, S. A, Sundequist, U., Kjellgren, A., Nordstrom, G. & Norlander, T. (2005). Effects of flotation
　　　restricted environmental stimulation technique on stress-related muscle pain: What makes
　　　the difference in therapy—attention-placebo or the relaxation response?. *Pain Res Manag*
　　　10(4), 201-209.

Brady, T. J., Kruger, J., Helmick, C. G., Callahan, L. F. & Boutaugh, M. L. (2003). Intervention programs for arthritis and other rheumatic diseases. *Health Education and Behavior* 30(1), 44-63.

Brownson, R. C., Baker, E. A., Leet, T. L. & Gillespie, K. N. (Eds). (2003). *Evidence-based Public Health*. New York: Oxford University Press.

Bruce A. & Davies B. (2005). Mindfulness in hospice care: Practicing meditation-in-action. *Qualitative Health Research* 15(10), 1329-1344.

Bury, M. (2001). Illness and narratives: Factor or fiction?. *Sociology of Health & Illness* 21(3), 263-285.

Canda, E. R. & Furman, M. (1999). *Spiritual Diversity in Social Work Practice: The Heart of Helping*. New York: Free Press.

Carlson, L. E. & Garland, S. N. (2005). Impact of mindfulness-based stress reduction (MBSR) on sleep, mood, stress, and fatigue symptoms in cancer outpatients. *International Journal of Behavioral Medicine* 12, 278-285.

Cusack, S. A., Thompson, W., Rogers, J. A. & Mary E. (2003). Mental fitness for iife: Assessing the Impact of an 8-week mental fitness program on healthy aging. *Educational Gerontology* 29(5), 393-403.

Danner, D., Snowdon D. & Friesen W. (2001). Positive emotions in early life and longevity: Findings from the nun study, *Journal of Personality and Social Psychology* 80(5), 804-813.

Davidson, R. J., Kabat-Zinn, J., Schumacher, J., Rosenkrantz, M., Muller, D., Santorelli, S. F., Urbanowski, F., Harrington, A., Bonus, K., & Sheridan, J. F. (2003). Alterations in brain and immune function produced by mindfulness meditation. *Psychosomatic Medicine* 65, 564-570.

Dean, G. J. (1993). *Designing Instruction for Adult Learners*. Florida: Krieger Publishing Company

Depression Guideline Panel (1993). *Depression in Primary Care: Volume 1. Detection and Diagnosis. Clinical Practice Guideline, Number 5*. AHCPR Publication No. 93-0550. Rockville, MD: Agency for Health Care, Policy and Research.

Elder, C., Ritenbaugh, C., Mist, S., Aickin, M., Schneider, J., Zwickey, H., & Elmer, P. (2007). Randomized trial of two mind-body interventions for weight-loss maintenance. *Journal of Alternative and Complementary Medicine* 13(1), 67-78.

Elder, J. P., Williams, S. J., Drew, J. A., Wright, B. L. & Boulan, T. E. (1995). Longitudinal effects of preventive services on health behaviors among an elderly cohort. *American Journal of Preventive Medicine* 11(6), 354-359.

Enright, R. D. (2001). *Forgiveness is a Choice: A Step-by-Step Process for Resolving Anger and Restoring Hope.* Washington, DC: American Psychological Association.

Fernandez-Ballesteros, R., Kruse, A. Zamarron, M. D. & Caprara, M. (2007) Quality of life, life satisfaction, and positive aging. In Fernandez-Ballesteros, R. (2007) (Ed.). *GeroPsychology: European Perpectives for an Aging World.* Cambridge and Gottingen: Hogrefe & Huber Publishers.

Frisch, M. B. (2006). *Quality of Life Therapy: Applying a Life Satisfaction Approach to Positive Psychology and Cognitive Therapy.* New Jersey: John Wiley & Sons Inc.

Fronsdal, G. (1998). Insight meditation in the United States: Life, liberty, and the pursuit of happiness. In Prebish, C., Tanaka, K. (Ed.). (1998). *Faces of Buddhism in America.* Berkeley: UC Press, 163-182.

Galper, D. I., Taylor, A. G. & Cox, D. J. (2003). Current status of mind-body interventions for vascular complications of diabetes. *Family & community health* 26(1), 34-40.

Gellert, G. A, Maxwell, R. M. & Siegel. B. S. (1993). Survival of breast cancer patients receiving adjunctive psychosocial support therapy: A 10-year follow-up study. *J Clin Oncol* 11(1), 66-69.

Gilbert, M. (2003). Weaving medicine back together: Mind-body medicine in the twenty-first century. *The Journal of Alternative & Complementary Medicine* 9(4), 563-570.

Greenfield, E. A. & Marks, N. (2004). Formal volunteering as a protective factor for older adults' psychological well-being. *The Journals of Gerontology, Series B-Psychological Sciences & Social Sciences* 59B(5), S258-S264.

Gruzelier, J. H. (2002). A review of the impact of hypnosis, relaxation, guided imagery and individual differences on aspects of immunity and health. *Stress* 5(2), 147-163.

Hardy, M. L., Favreau, J. T., Elfenbaum, P. D., Morton, S. C., Roth, E. A., Genovese, B. J., & Shekelle, P.G. (2001). Interventions for gastrointestinal conditions. *Evid Rep Technol Assess* 40, 1-2.

Hart, D., Southerland, N., & Atkins, R. (2003). Community service and adult development. In J. Demick & C. Andreoletti (Eds.). *Handbook of Adult Development,* pp.585-597. New York, NY: Kluwer Academic Publishers.

Hildreth, K. D. & Elman, C. (2007). Alternative worldviews and the utilization of conventional and complementary medicine. *Sociological Inquiry* 77(1), 76-103.

Honda, K., & Jacobson, J. S. (2005). Use of complementary and alternative medicine among United States adults: The influences of personality, coping strategies, and social support. *Preventive Medicine: An International Journal Devoted to Practice & Theory* 40(1), 46-53.

Infante J. R., Peran F., Martinez M., Roldan A., Poyatos R., Ruiz C., Samaniego, F., & Garido, F. (1998). ACTH and beta-endorphin in transcendental meditation. *Physiol Behav* 64(3), 311-315.

Jacobs, G. D., Pace-Schott, E. F., Stickgold, R. & Otto, M. W. (2004). Behavior therapy and pharmacotherapy for insomnia: A randomized controlled trial and direct comparison. *Arch Intern Med* 164(17), 1888-1896.

Jeffrey I. Wallace, J. I., Buchner, D. M., Grothaus, L., Leveille, S., Tyll, L., LaCroix, A. Z. & Wagner, E. H. (1998). Implementation and effectiveness of a community-based health promotion program for older adults. *Journal of Gerontology: Medical Sciences* 53a(4), M301-M306.

Kabat-Zinn, J. (1990). *Full Catastrophe Living: Using the Wisdom of Your Body and Mind to Face Stress, Pain and Illness.* New York: Dell Publishing.

_____ (1994). *Wherever You Go, There You Are: Mindfulness Meditation in Everyday Life.* New York: Hyperion.

_____ (2005). *Coming to Our Senses: Healing Ourselves and the World Through Mindfulness.* New York: Hyperion.

Kabat-Zinn, M. & Kabat-Zinn, J. (1997). *Everyday Blessings: The Inner Work of Mindful Parenting.* New York: Hyperion.

Kalb, C. (2003). Faith and healing. *Newsweek* (2003, Nov. 10), 44-56.

Khalsa D. S. (2001). *Meditation As Medicine.* New York: Simon & Schuster, Inc.

Khayat, M. H. (1998). Spirituality in the definition of health: The World Health Organization's point of view. Retrieved from www.medizin-ethik.ch/publik/spirituality_definition_health.htm

Knox, A. B. (1995). *Assessing Needs in Continuing Education.* San Francisco: Jossey Bass Publishers.

Koenig, H. G., McCullough, M. E. & Larson, D. (2001). *Handbook of Religion and Health.* New York, NY: Oxford University Press.

Kristeller J. L. & Hallett, C. B. (1999). An exploratory study of a meditation-based intervention for binge eating disorder. *J Health Psychol* 4(3), 357-363.

Lake, J. H. & Spiegel, D. (2007). *Complementary and alternative treatments in mental health care.* (1st ed.) Arlington, VA: American Psychiatric Publishing, Inc.

Larson, J. S.(1996). The World Health Organization's definition of health: Social versus spiritual health, *Social Indicators Research* 38(2), 181-192.

Lebowitz, B. D., Pearson, J. L., Schneider, L. S., Reynolds, C. F. 3rd, Alexopoulos, G. S., Bruce, M. L., Conwell, Y., Katz, I. R., Meyers, B. S., Morrison, M. F., Mossey, J., Niederehe, G. & Parmelee, P. (1997). Diagnosis and treatment of depression in late life. Consensus statement update.

Journal of the American Medical Association 278(14), 1186-1190.

Lee, E. O. & Barrett, C. (2007). Integrating spirituality and social justice in social work practice and education: A pilot study. *Journal of Religion and Spirituality in Social Work* 26(2), 1-21.

Lee, S. W., Mancuso, C. A. & Charlson, M. E. (2004). Prospective study of new participants in a community-based mind-body training program. *Journal of General Internal Medicine* 19(7), 760-765.

Lee. E. O. (2007). Mind-body-spirit practice and perceived self-efficacy for mental health promotion: An exploratory study. *International Journal of Mental Health Promotion* 9(3), 12-24.

Lengrand, P. (1970). Introduction to Lifelong Education. Paris: UNESCO.

Leuchter, A. F., Cook, I. A, Witte, E. A., Morgan, M. & Abrams, M. (2002). Changes in brain function of depressed subjects during treatment with placebo. *Am J Psychiatry* 159(1), 122-129.

McClusky, H. Y. (1974). Education for aging: The scope of the field and perspectives for the future. In Grabowski, S. M. & Mason, W. D. (Eds.). *Learning for Aging.* Washington, DC: Adult Education Association of the U.S.A.

_____ (1971). *Education: Background paper for 1971 White House conference on aging.* Washington, DC: White House Conference on Aging.

McCullough, M. E. & Pargament, K. (2000). *Forgiveness: Theory, Research, and Practice.* New York, NY: The Gilford Press.

McMahan, S. & Lutz, R. (2004). Alternative therapy use among the young-old (ages 65-74): An evaluation of the MIDUS database. *Journal of Applied Gerontology* 23(2), 91-103.

Moody, H. (2001). Productive aging and the ideology of old age. In N. Morrow-Howell, J. Hinterlong & M. Sherraden(Eds.). *Productive Aging: Concepts and Challenges,* pp.175-196. Baltimore: Johns Hopkins University Press.

Moriarty, D. G., Zack, M. M. & Kobau, R. (2003). The centers for disease control and prevention's healthy days measures population tracking of perceived physical and mental health over time. *Health and Quality of Life Outcomes* 1(37), 1-8.

Murray-Swank, N. A. & Pargament, K. (2005). God, where are you? Evaluating a spiritually integrated intervention for sexual abuse. *Mental Health, Religion & Culture* 8(3), 191-203.

Nakao, M., Myers, P., Fricchione, G., Zuttermeister, P. C., Barsky, A. J. & Benson, H. (2001). Somatization and symptomreduction through a behavioral medicine intervention in a mind/body medicine clinic. *Behavioral Medicine* 26(4), 169-176.

Narayan, K. (1993). Refractions of the field at home: American representations of Hindu holy men in the 19th and 20th centuries. *Cultural Anthropology* 8(4), 476-509.

National Institute on Aging/ Fetzer Institute (1997). *Multidimensional Measures of Religiousness and Spirituality Scale*. Bethesda, MD: National Institute on Aging.

Ott, M. J., Norris, R. L. & Bauer-Wu, S. M. (2006). Mindfulness meditation for oncology patients: A discussion and critical review. *Integr Cancer Ther* 5(2), 98-108.

Pargament, K. I. (1997). *The Psychology of Religion and coping*. New York: Guilford.

Rae, L. (1991). *How to Measure Training Effectiveness*(3rd ed.). Hampshire: Gower Publishing Limited.

Rejeski, W. J., King, A. C., Katula, J. A., Kritchevsky, S., Miller, M. E., Walkup, M. P., Glynn, N. W. & Pahor, M. (2008). Physical activity in prefrail older adults: Confidence and satisfaction related to physical function. *Journal of Gerontology: psychological sciences* 63B(1), 19-26.

Rossi, A. (Ed.). (2001). *Caring and Doing for Others: Social Responsibility in the Domains of Family, Work, and Community*. Chicago: University of Chicago Press.

Rowe, J. & Kahn, R. (1997). *Successful Aging*. New York, NY: Dell Publishing Co.

_____ (1997). Successful aging. *The Gerontologist* 37, 433-440.

Rybarczyk, B., DeMarco, G., DeLaCruz, M., Lapidos, S. & Fortner, B. (2001). A classroom mind/body wellness intervention for older adults with chronic illness: Comparing immediate and 1-year benefits. *Behavioral Medicine* 27(1), 15-27.

Schwartz, B. (2004). *The Paradox of Choice: Why More Is Less*. New York: Harper Collins Publishers.

Seligman, M. E. P. (1990). *Learned Optimism: How to Change Your Mind and Your Life*. New York: Free Press.

_____ (2002). *Authentic Happiness: Using the New Positive Psychology to Realize Your Potential for Lasting Fulfillment*. New York: Free Press.

Seligman, M. E. P. & Csikszentmihalyi, M. (2000). Positive psychology: An introduction. *American Psychologist* 55(1), 5-14.

Seligman, M. E. P., Steen, T. A., Park, N. & Peterson, C. (2005). Positive psychology progress: Empirical validation of interventions. *American Psychologist* 60, 410-421.

Sontag, S. (1990). *Illness as Metaphor and AIDS and Its Metaphors*. New York: Double Day.

Steven, P. R. (2003). Patient like Linda. *Journal of American Medical Association* 290(2), 165-166.

Substance Abuse and Mental Health Services Administration (2004). Kit links service providers to resources for older adults. *SAMHSA News (May/June)*, 12(3). Retreived from http://www.samhsa.gov/samhsa_news/VolumeXII_3/article9.htm

Sutherland, J., Poloma, M. M. & Pendleton, B. F. (2003). Religion, spirituality, and alternative health practices: The baby boomer and cold war cohorts. *Journal of Religion and Health* 42(4), 315-338.

Taniguchi, H. (2006). Men's and women's volunteering: Gender differences in the effects of employment and family characteristics. *Nonprofit and Voluntary Sector Quarterly* 35(1), 83-101.

Tennstedt, S., Howland, J., Lachman, M., Peterson, E., Kasten, L. & Jette, A. (1998). A randomized, controlled trial of a group intervention to reduce fear of falling and associated activity restriction in older adults. *Journals of Gerontology, Series B-Psychological Sciences & Social Sciences* 53(6), 384-392.

U.S. Department of Health and Human Services (1996). *Physical Activity and Health: A Report of the Surgeon General.* Atlanta, GA: Centers for Disease Control and Prevention.

_____ (1999). *Mental Health: A Report of the Surgeon General Executive Summary.* Rockville, MD: U.S. Department of Health and Human Services, Substance Abuse and Mental Health Services Administration, Center for Mental Health Services, National Institutes of Health, National Institute of Mental Health.

_____ (2002). *National Diabetes Fact Sheet: General Information and National Estimates on Diabetes in the United States.* Atlanta, GA: U.S. Department of Health and Human Services, Centers for Disease Control and Prevention.

_____ (2002). *The Burden of Chronic Diseases and Their Risk Factors: National and State Perspectives.* Atlanta, GA: U.S. Department of Health and Human Services, Centers for Disease Control and Prevention.

Vaillant, G. E. (2002). *Aging Well: Surprising Guideposts to a Happier Life from the Landmark Harvard Study of Adult Development.* Boston: Little, Brown and Company.

Vertinsky, P., Cousins, S. O. (2007). *Acting Your Age? Gender, Aging, and Physical Activity.* New York, NY, US: Oxford University Press.

Viner, R. (1999). Putting stress in life: Hans Selye and the making of stress theory. *Social Studies of Science* 29(3), 391-410.

Ware, J. E., Snow, K. K., Kosinski, M. & Gandek, B. (1993). *SF-36 Health Survey: Manual and Interpretation Guide.* Boston, Mass: Health Institute.

Weil, A. (2005). *Healthy Aging: A Lifelong Guide to Your Physical and Spiritual Well-Being.* New York: Knopf.

Wink, P. & Dillon, M. (2003). Religiousness, spirituality and psychosocial functioning in late adulthood: Findings from a longitudinal Study. *Psychology and Aging* 18, 916-924.

Wolsko, P. M., Eisenberg, D. M., Davis, R. B. & Phillips, R. S. (2004). Use of mind-body medical therapies: Results of a national survey. *Journal of General Internal Medicine* 19(1), 43-50.

World Health Organization. (1998). *WHOQOL and Spirituality, Religiousness and Personal Beliefs: Report on WHO Consultation.* Geneva: WHO.

_____ (2006). CONSTITUTION OF THE WORLD HEALTH ORGANIZATION, Retrieved from http://www.who.int/governance/eb/who_constitution_en.pdf

설문지

안녕하십니까?

바쁘신 가운데 설문에 응해 주셔서 진심으로 감사드립니다.

본 설문지는 여러분들께서 참여해 주신 몸-마음-영성 프로그램을 평가하기 위해 만들어졌습니다. 이 연구는 노인들의 총체적 건강을 위한 보다 발전적인 프로그램 개발 및 평가에 많은 도움이 되리라 생각합니다.

선생님께서 답해 주신 내용은 익명으로 통계 처리되어 학문적 연구의 귀중한 자료로만 사용되고 연구 목적 이외에는 절대로 사용하지 않을 것을 약속드립니다.

본인이 느끼고 생각하는 대로 솔직한 응답을 부탁드리며 부디 한 문항도 빠짐없이 답해 주시면 감사하겠습니다.

2009. 2.
윤현숙
이은경
이정의

A. 아래의 문항들은 귀하의 신체적 건강에 관한 질문들입니다. 해당 번호에 ∨표를 해 주시기 바랍니다.

1. 현재 귀하의 건강 상태는 어떠하십니까? 0~10점 중 해당하는 숫자에 표시해 주시기 바랍니다.

    0점은 매우 나쁜 상태를 의미하며 10점은 매우 좋은 상태를 의미합니다.

아주 나쁨										아주 좋음
0	1	2	3	4	5	6	7	8	9	10

2. 10년 후 귀하의 건강 상태는 어떠할 것이라 생각하십니까?

아주 나쁨										아주 좋음
0	1	2	3	4	5	6	7	8	9	10

3. 현재 귀하는 자신의 건강을 어느 정도 관리할 수 있다고 생각하십니까?

전혀 관리할 수 없음										매우 잘 관리할 수 있음
0	1	2	3	4	5	6	7	8	9	10

4. 현재 귀하는 얼마나 건강관리를 위해 노력하십니까?

전혀 노력하지 않음										매우 많이 노력함
0	1	2	3	4	5	6	7	8	9	10

5. 최근 30일 동안 귀하는 얼마나 잘 주무셨습니까?

잠을 잘 못 잠										매우 잘 잠
0	1	2	3	4	5	6	7	8	9	10

6. 귀하는 균형 잡힌 식사와 영양에 대한 지식이 어느 정도 있다고 생각하십니까?

지식이 전혀 없음										지식이 매우 많음
0	1	2	3	4	5	6	7	8	9	10

7. 균형 잡힌 식사와 영양을 위해 어느 정도나 노력하십니까?

전혀 노력하지 않음										매우 노력함
0	1	2	3	4	5	6	7	8	9	10

8. 최근 30일 동안 귀하는 얼마나 자주 아래의 증상들을 경험하셨습니까? 해당하는 숫자에 표시해 주시기 바랍니다.

내용	전혀 없음	거의 없음	보통	자주	항상
1. 두통	①	②	③	④	⑤
2. 소화불량	①	②	③	④	⑤
3. 관절통	①	②	③	④	⑤

9. 신체적 접촉이나 성 관계, 이성 문제에 대해 귀하는 얼마나 자연스럽게 다른 사람들과 대화하십니까?

다른 사람들과 전혀 이야기하지 않음										매우 자연스럽게 대화함
0	1	2	3	4	5	6	7	8	9	10

B. 아래의 문항들은 귀하의 마음의 건강에 관한 질문들입니다. 해당 번호에 ∨표를 해 주시기 바랍니다.

1. 지난 30일간 귀하는 얼마나 자주 다음의 감정들을 느끼셨습니까?

내용	전혀 없음	거의 없음	보통	자주	항상
1. 불안한	①	②	③	④	⑤
2. 절망스러운	①	②	③	④	⑤
3. 만사가 귀찮은	①	②	③	④	⑤
4. 짜증나는	①	②	③	④	⑤
5. 외로운	①	②	③	④	⑤
6. 두려운	①	②	③	④	⑤
7. 화나는	①	②	③	④	⑤

2. 지난 30일간 귀하는 얼마나 자주 다음의 감정들을 느끼셨습니까?

내용	전혀 없음	거의 없음	보통	자주	항상
1. 기운찬	①	②	③	④	⑤
2. 평화로운	①	②	③	④	⑤
3. 만족스러운	①	②	③	④	⑤
4. 소속감을 느끼는	①	②	③	④	⑤
5. 적극적인	①	②	③	④	⑤
6. 당당한	①	②	③	④	⑤
7. 확신에 찬	①	②	③	④	⑤

3. 다음은 삶에서 어려움이나 스트레스에 직면했을 때 귀하가 어떻게 반응하는지에 대한 질문들입니다. 질문을 잘 읽고 해당하는 숫자에 표시에 주십시오.

내용	전혀 없음	거의 없음	보통	자주	항상
1. 경험을 통해 성장하려고 노력한다.	①	②	③	④	⑤
2. 어떤 일을 행하는 데 있어서 나의 노력을 중요하게 생각한다.	①	②	③	④	⑤
3. 구체적 활동 계획을 세운다.	①	②	③	④	⑤
4. 화나는 내 감정을 표출한다.	①	②	③	④	⑤
5. 문제를 해결하기 위해 다른 전략을 세우려 노력한다.	①	②	③	④	⑤
6. 나 자신이 해결할 수 없음을 인정하고 더 이상의 시도를 그만둔다.	①	②	③	④	⑤
7. 평소보다 많이 먹는다.	①	②	③	④	⑤
8. 보다 긍정적으로 생각하기 위해 다른 측면에서 상황을 판단하려고 노력한다.	①	②	③	④	⑤

1. 귀하는 친하게 지내는 친구나 친척 또는 이웃사촌이 있습니까? 있다면 이분들과 얼마나 자주 만나
십니까? (없다면 ①번에 표시해 주세요)

① 친하게 지내는 사람 없음   ② 1년에 1~2번 정도

③ 한 달에 한 번 정도   ④ 1주일에 한 번 정도

⑤ 거의 매일(1주일에 4회 이상)

2. 종교 모임에 참여하고 계십니까? 있다면 얼마나 자주 모임 혹은 활동에 참여하십니까? (없다면 ①
번에 표시해 주세요)

① 참여 안 함   ② 1년에 1~2번 정도

③ 한 달에 한 번 정도   ④ 1주일에 한 번 정도

⑤ 거의 매일(1주일에 4회 이상)

3. 친목 모임 혹은 계 모임 등에 참여하고 계십니까? 있다면 얼마나 자주 모임 혹은 활동에 참여하십
니까?

① 참여 안 함   ② 1년에 1~2번 정도

③ 한 달에 한 번 정도   ④ 1주일에 한 번 정도

⑤ 거의 매일(1주일에 4회 이상)

4. 동창회, 향우회, 종친회 등에 참여하고 계십니까? 있다면 얼마나 자주 모임 혹은 활동에 참여하십
니까?

① 참여 안 함   ② 1년에 1~2번 정도

③ 한 달에 한 번 정도   ④ 1주일에 한 번 정도

⑤ 거의 매일(1주일에 4회 이상)

5. 자원봉사 활동에 참여하고 계십니까? 있다면 얼마나 자주 모임 혹은 활동에 참여하십니까?

① 참여 안 함   ② 1년에 1~2번 정도

③ 한 달에 한 번 정도   ④ 1주일에 한 번 정도

⑤ 거의 매일(1주일에 4회 이상)

6. 여러분의 생활 속에서 얼마나 자주 운동을 하십니까?
   ① 안 함   ② 1년에 1~2번 정도   ③ 한 달에 한 번 정도
   ④ 1주일에 한 번 정도   ⑤ 거의 매일(1주일에 4회 이상)

7. 현재 여러분의 삶 속에서 어느 정도 마음의 평화를 느끼십니까? 0~10점 중 해당하는 숫자에 표시해 주시기 바랍니다. 0점은 마음의 평화가 없는 상태이고, 10점은 마음의 평화가 충만한 상태를 의미합니다.

마음의 평화가 없는 상태									마음의 평화가 충만한 상태	
0	1	2	3	4	5	6	7	8	9	10

8. 현재 여러분의 삶이 어느 정도 의미가 있다고 생각하십니까? 0~10점 중 해당하는 숫자에 표시해 주시기 바랍니다.

전혀 의미가 없는 상태									매우 의미가 있는 상태	
0	1	2	3	4	5	6	7	8	9	10

9. 다음의 문항에 대한 여러분의 생각을 표시해 주십시오.

내용	결코 그렇지 않다	아주 약간 그렇다	자주 그렇다	항상 그렇다
나는 내 잘못에 대해 스스로를 용서해 왔다.	①	②	③	④
나는 나에게 상처 입힌 사람들을 용서해 왔다.	①	②	③	④
나는 내가 믿는 신께서 나를 용서하심을 안다.	①	②	③	④

10. 다음의 문항에 대한 여러분의 생각을 표시해 주십시오.

내용	전혀 그렇지 않다	그렇지 않다	약간 그렇다	매우 그렇다
1. 나는 내 현재의 삶에 충실하다.	①	②	③	④
2. 나는 다른 사람의 감정을 잘 존중한다.	①	②	③	④
3. 나는 새로운 생각을 잘 받아들인다.	①	②	③	④
4. 나는 다른 사람의 얘기를 잘 들어준다.	①	②	③	④
5. 나는 인내심이 강하다.	①	②	③	④
6. 나는 작은 환경의 변화도 잘 인식한다.	①	②	③	④
7. 나는 사회적 약자에 대해 관대하다.	①	②	③	④
8. 다른 사람의 문제 해결 방식도 인정한다.	①	②	③	④

11. 현재 시점에서 여러분의 인생에 어느 정도 만족하십니까? 0~10점 중 해당하는 숫자에 표시해 주시기 바랍니다. 0점은 전혀 만족하지 않는 상태이고, 10점은 매우 만족한 상태를 의미합니다.

전혀 만족하지 않음										매우 만족함
0	1	2	3	4	5	6	7	8	9	10

12. 10년 후 여러분은 인생에 대해 어느 정도 만족할 것이라 예상하십니까?

전혀 만족하지 않음										매우 만족함
0	1	2	3	4	5	6	7	8	9	10

D. 아래의 문항들은 귀하의 개인적 배경에 관한 질문들입니다. 해당 번호에 ∨표를 하거나 빈 칸에 해당 사항을 기입해 주시기 바랍니다.

1. 귀하의 성별을 기입해 주십시오.
   ① 남   ② 여

2. 귀하의 연령을 기입해 주십시오. (세)

3. 귀하의 학력을 기입해 주십시오.
   ① 초등학교 졸업 미만   ② 초등학교 졸업
   ③ 중졸   ④ 고졸   ⑤ 전문대 졸
   ⑥ 대학 졸   ⑦ 대학원 졸 이상

4. 귀하의 결혼 상태는 현재 어떠하십니까?
   ① 결혼   ② 이혼 혹은 별거
   ③ 동거   ④ 미혼   ⑤ 사별

5. 현재 당신의 취업 상태는 어떠합니까?
   ① 정규직   ② 비정규직   ③ 무직 또는 실직
   ④ 자영업   ⑤ 퇴직

6. 현재 월 가계 총소득(본인 소득＋자녀의 지원＋기타)은 얼마입니까? (   )원

7. 당신의 종교는 어떠합니까?
　　① 가톨릭/천주교　　② 기독교/개신교　　③ 유대교
　　④ 불교　　　　　　⑤ 회교　　　　　　⑥ 도교
　　⑦ 유교　　　　　　⑧ 무신론자　　　　⑨ 기타 _____

8. 현재 함께 사는 가족원 수를 기록해 주시기 바랍니다. 예를 들어 혼자 사시는 경우 0으로 표시해 주십시오.
　　함께 사는 가족원 수 (   )명

본 설문에 성실히 응답해 주셔서 대단히 감사합니다.

〈신체검사〉
1. 키 _____ cm

2. 몸무게 _____ kg

3. 혈압 _____ / _____

12회기로 조정한 프로그램 구성

주	영역		내용
1	입학식 및 오리엔테이션 사전 조사		입학식 프로그램 소개 자기소개 및 서약 설문지 작성 및 신체검사
2	몸	신체 활동	운동 및 생활 체육의 필요성 노인에게 권장하는 운동 운동 촉진 요인 및 장애 요인 기초 요가 배우기 주간 운동 계획 짜기
3		영양 및 술과 담배	식 습관의 중요성 항염증 식이 요법 오메가-3 식품 섭취도 파악 및 개인적 식습관의 문제점 건강 식단 짜기
4		수면과 여가	휴식의 중요성 수면 위생 술과 알코올의 영향 자신의 아끼는 방법
5		접촉과 성	노인과 성 노인 이성 교제의 어려움 및 개선책 비정상적인 노인 성 관계의 문제 영상 자료를 이용한 토론
6	마음	스트레스	스트레스란? 스트레스와 노화 스트레스와 이완 반응 개인별 스트레스 원인 및 긴장 완화 방식 이완 명상 실습

7	마음	감정과 사고	노인 감정의 다양성 이해 및 자신의 감정 상태 파악
			긍정 및 부정적 감정의 정의
			분노 및 부정적 감정과 표출 방법(분노 조절), 좋은 해결책 공유
			긍정적 사고
			인지 행동 치료법
			인지 행동 치료법 적용 사례
			부정적 사고 패턴 고찰 및 인지 행동 치료법 적용
8		의지	노화의 장점
			자신이 지닌 가치 찾기
			감사 일지 쓰기
			긍정적 심상 찾기
9	영성	인생의 의미	영성과 인생의 의미
			내 삶의 이야기
			나의 영적 건강 살펴보기
			영성 훈련을 위한 방법들
			개인적 인생의 의미와 목표의 변화
10		관계와 돌봄	개인적, 사회적 관계의 중요
			가족과 관계의 개인적 역사
			이타적 행동의 실천 전략
			관계도 작성
11		용서와 화해	용서란?
			용서와 화해의 대상 설정 및 구체적 방법
			화해를 위한 구체적 계획 수립
12		영성-행복 마무리 및 사후 조사	행복이란?
			행복을 구성하는 요인
			행복 헌장 작성 및 발표
			프로그램 이수 소감 발표
			사후 조사 및 신체검사
			수료식

행복한 노후 만들기
몸-마음-영성 프로그램

초판발행 / 2010년 12월 1일

지은이 / 이은경 · 윤현숙 · 이정의 · 윤지영 · 장은진 · 김은숙
발행인 / 고화숙
발행처 / 도서출판 소화
등록 / 제13-412호
주소 / (150-037) 서울시 영등포구 영등포동 7가 94-97
전화 / 02)2677-5890
팩스 / 02)2636-6393
홈페이지 / www.sowha.com

ISBN 978-89-8410-387-0 03330

값 12,000원